华尔街经典译丛 · 07

江恩华尔街 45 年

——采用新的时间规则、百分比规则
和用以判断股票趋势的图表对
1937 年和 1942 的恐慌，以及
1946 年的牛市进行回顾

（第二版）

[美] 威廉 D. 江恩 著
何 君 译

图书在版编目（CIP）数据

江恩华尔街45年/（美）江恩著；何君译．—2版
—北京：地震出版社，2015.6（2016.11重印）
书名原文：45 Years in Wall Street
ISBN 978-7-5028-4629-9

Ⅰ.①江…　Ⅱ.①江…②何…　Ⅲ.①证券交易
Ⅳ.①F830.91

中国版本图书馆CIP数据核字（2015）第121961号

地震版　XM3915

江恩华尔街45年（第二版）
［美］威廉D. 江恩　著
何　君　译
责任编辑：龚万军　刘素剑
责任校对：孔景宽

出版发行：地震出版社
北京市海淀区民族大学南路9号　邮编：100081
发行部：68423031　68467993　传真：88421706
门市部：68467991　传真：68467991
总编室：68462709　68423029　传真：68455221
证券图书事业部：68426052　68470332
http：//www.dzpress.com.cn
E-mail：zqbj68426052@163.com
经销：全国各地新华书店
印刷：廊坊市华北石油华星印务有限公司

版（印）次：2015年6月第二版　2016年11月第二次印刷
开本：787×1092　1/16
字数：162千字
印张：10.25
书号：ISBN 978-7-5028-4629-9/F（5322）
定价：30.00元

译 者 序

如果说《江恩股市定律》、《江恩选股方略》和《江恩测市法则》是江恩理论的入门读本，那么《江恩华尔街 45 年》就可以算是江恩理论的中级读本。我个人为什么要这样认为呢？原因就在于江恩技术中的时间法则。

江恩技术的最高境界是“何时见何价”。江恩认为所有的运动都是时间与空间的平衡。我们从本书的结尾可以明确知道，江恩在撰写本书的时候已经入市 47 年了，为什么书名要采用“45”年呢？我个人认为是江恩用书名暗喻了自己理论的核心所在——圆是 360°，1/2 圆就是 180°，1/4 圆就是 90°，**1/8 圆就是 45°。华尔街的 45 年，在江恩的时空体系中就是 1/8 圆。**

本书重点讲述了两个方面的内容，一是时间规则，二是百分比规则。很明显，江恩在本书中采用“时空”法则分析了一遍华尔街 45 年市场走势的过程与内在原因。所有的人几乎都知道，历史会重演。但是，历史究竟是如何重演的？相信能够提出这样问题的人就会少了很多。本书本质上就是**江恩手把手地告诉我们，历史究竟是如何重演的。**

按照江恩的理论，任何级别的逆转点都是时间循环起决定作用。作为自己理论体系的中级读本，**江恩第一次在本书中公开了与时间有关的规则。**假设我们在实际交易中正确把握住了特定级别的趋势逆转点，接下来就要面对这样的情形：任何趋势都不可能是笔直的一根直线，期间一定会有很多的反复。因此，我们就有了第二个问题，**新开始的趋势会在什么时间和什**

么空间点出现更小级别的逆向运动？本书的百分比规则就是用来确定趋势运行中什么空间点会是小级别逆转点的方法；至于什么时间，还是采用与时间有关的规则。换句话说，本书的“时空”规则完全阐述了市场运动的内在原因，作为一个普通投资者你所要做的就是遵循江恩先生给出的具体规则，紧跟市场运动的趋势，在实际交易中就能轻松地获得赢利。

正是由于本书中揭示的交易规则的巨大价值，江恩在本书结束的时候，再次强调：

“在本书中，我揭示了一些我最有价值，而且是以前从未公布过的交易规则和秘密发现。”

阅读本书的读者如何让这本书发挥最大的效益呢？我的建议是，任何一个人在阅读本书的时候，最好能够亲自演算一下文中的数据，并且画一下讲解中的走势图，这样做了之后一定会有所得的。如果还能再勤奋一点儿，用书中回顾美国股市的方法和程序再回顾一下中国 A 股的历史，相信一定能有巨大的收获。

何　君

2012 年 6 月于北京

关于江恩著作翻译中的技术术语说明

江恩先生在其所有的著作中反复强调了一点：交易者与医生、律师一样，都是专业人士；交易技术也与医学、法律一样，都是严谨的科学。江恩先生非常在意术语的**规范使用**，他采用清晰和准确的**术语作为基础**，严谨地阐述了自己的交易思想和交易技术体系。

在翻译江恩先生著作的过程中，术语的翻译与规范一直是难点和重点。首先是江恩先生的交易技术自成体系，并由于时间的原因导致他在使用术语的时候一定程度上与现在流行的表达方式有差异。第二个原因是东西方在语言和思维的差异，西方文字偏重于精确，东方语言则侧重于形象，因此如果直接使用流行的中文术语就很难精确表达江恩先生的技术细节，很容易导致译文读起来很是热闹，关键的"门道"则被忽略掉了。

我在第一次阅读江恩先生著作的英文版时就意识到了这个问题，例如仅仅是关于下跌，江恩先生就使用了多种术语，这些术语非常自然地把下跌分为了不同的具体类型，因此也正是这些规范的并且与**实际操作密切相关的术语**，帮助了读者正确理解江恩先生描述的**真正市场形态**。如果能够在译文中规范地使用术语，就能**最大限度地用中文再现江恩先生的本义**。正是基于这个考虑，为了读者更好理解原著中交易技术的细节，我特意将江恩著作中最主要的技术术语解释放在了全书的最前面。

盘势（*Tape*）——英文本身是指早期股票报价机的价格纸带。这个词汇有人翻译为“大盘”，这个是不妥当的。盘势是指盘面上所有情况的意思，包括大盘、不同股票板块和个股的价位、时间周期、成交量、波动区间等所有的相关信息，以及这些信息综合起来传达的特定技术信号。

图表（*Chart*）——有人翻译为“走势图”。尽管走势图是中文中最常见的术语，但是由于江恩理论的复杂性，有各种各样的图表，仅仅用“走势图”是不恰当的，因此本书采用了“图表”这个术语。

强弱形态（*Position*）——在绝大多数情况下，江恩使用这个词汇是指市场整体或是个股技术形态的强弱；很少的时候是指价格空间的相对位置。

停留在狭窄的交易区间（*Held in a narrow trading range*）——这是江恩用来特指非趋势期间的市场表现，一般与吸筹或是派发对应。

吸筹（*Accumulation*）——股票筹码从分散到集中的过程。

派发（*Distribution*）——股票筹码从集中到分散的过程。

股票变现或是套现（*Liquidation*）——有人翻译为“清算”。江恩是指由持仓状态转为持币状态。

急促下跌（*Rapid decline*）——日线级别上的持续下跌，通常为阶段性高点的回调。

陡直下跌（*Sharp decline*）——短时间周期内的大幅下跌，因此下跌的角度非常大。通常是阶段性见顶后，或是下跌过程中窄幅横盘后向下突破的起始部分。其特点是下跌快速、幅度大。

暴跌（*Drastic decline*）——日线级别以上，至少是周线级别的大幅快速下跌。通常是陡直下跌后出现反弹，其反弹又确认了前一个顶部或是反弹高点为最终顶部后的主要趋势变化。

恐慌性下跌（*Panicky decline*）——由特定消息导致市场参与者出现恐慌性心理而形成的。一般是第一段下跌后的第二段“多杀多”加速下跌段。在阐述基本面用到这个术语时，主要是指公众超买之后出现大利空，或是长期下跌之后出现大利空的市场表现。

陡直崩跌（*Sharp break*）——江恩一般用*break*表达向下突破。陡直崩跌是指从顶部直接跌破了顶部区间的最低点，并持续下跌的情形。

逐步下跌（*Gradually declined*）——类似“阴跌”，主要是由于供求关系失衡的原因导致的。

修正性下跌（*Correction decline*）——主要趋势向上期间的正常回调。

收窄（*Narrows down*）——这是描述临近底部的一个重要术语。意思是指在下跌的最后阶段，小周期下跌和反弹的幅度都越来越小。

彻底清洗（*Clean—out*）——下跌趋势尾声阶段，市场在基本面和技术面的共同作用下，促使长期的多头卖出筹码的情形，通常会形成“空头陷阱”。

阻力位（*Resistance Level*）——在西方的交易技术中，支撑位和阻力位都可以使用这个术语。

穿越（*Crossed*）——价格或是点数上行并超过了先前顶部的价格或是点数，通常情况可理解为向上突破。

弹升（*Rebounded*）——陡直下跌后的快速反弹，比通常的“反弹”力度要强很多，一般是指V形底右边的走势。

佯动（*False moves*）——与主要趋势相反的小型逆向运动，也就是窄幅横盘时的假突破。

加码（*Pyramid*）——江恩通常采用等比加仓法，并且在加码一定次数后买进的数量还要降低。

最后重要的冲刺（*Final grand rush*）——这是指特定时间周期上以7～10个时间单位的几近于失控的上涨。这个阶段既是最能赢利的阶段，也是赶顶的阶段，随后通常是陡直下跌。

急促反弹（*Swift rally*）——与陡直下跌对应的逆向反弹，与通常说的“脉冲上涨”类似。

温和反弹（*Moderate rally*）——中规中矩反弹，主要是指主要趋势向下期间的逆向小型趋势，通常是由小时间周期因素导致的。

最高点（*High*）——一轮趋势的阶段性新高，或是先前趋势中的阶段性高点。

顶部（*Top*）——在江恩中级理论中，顶部是一个区间，是由一系列的最高点和回调低点形成的区间。在初级理论中，有时候与最高点的意义一样。但是要注意在直接提出“单顶”、“双顶”和“三重顶”的时候，技术上的价格区间就会非常狭窄，与前面顶部的定义不一样的。

极限高点（*Extreme high*）——顶部区间的最高点。极限高点和极限低点时江恩理论中独特的术语，这是与江恩高级理论的精确预测法有关系的一个术语。

老顶（*Old top*）——先前趋势中的各个顶部。

最低点（*Low*）——与最高点对应的术语。

底部（*Bottom*）——与顶部对应的术语。

老底（*Old bottom*）——与老顶对应的术语。

极限低点（*Extreme low*）——与极限高点对应的术语。

时间周期（*period of time*）——在特定的周期级别的图表上，从一个极限（高或是低）点到另外一个极限（高或是低）运行的时间长度。

时间趋势（*Time trend*）——在同时间周期的图表上，从一个顶部到接下来的底部，或是从一个底部到接下来的顶部为一次摆动。不同摆动经历的时间周期的长短进行相互比较，就是在进行时间趋势的判断。

前高（前低）（*Last*）——通常是指同时间周期图表中相邻摆动形成的顶部或是底部；有时候是指主要趋势运动中最后一轮小型趋势形成的顶部或是底部。

原作者前言

1910 年，应朋友们之邀，我撰写了一本名为《投机：一种有利可图的职业》的小册子。这本小册子给出了一些交易规则，正是这些规则帮助我在个人交易中取得了成功。

1923 年 1 月，我撰写了《江恩股市定律》一书，以帮助那些在投机交易和投资交易中努力自助的人。这本书受到了公众的喜爱和好评，很多人宣称这是我的里程碑。从读者们的感谢信中就可知该书已经达到目的了。在预测了 1929 年的股市大恐慌之后，有读者希望我再写一本新书以更新《江恩股市定律》。于是 1930 年初我撰写了《江恩选股方略》一书，向读者阐述了我在 1923 年后从实践中发展出来的新交易规则，并指导他们如何利用这些新规则在实际操作中赢利。在该书中，我预言了“投资者恐慌”，并预言这将是有史以来最大的恐慌。该预言在 1932 年 7 月结束的股市大跌中应验了，一些股票下跌到了过去 40～50 年以来的最低点。

1932 年的恐慌过后，市场迎来了一轮大幅上涨，我的交易规则帮助很多投资者获得了巨大的赢利。

1935 年，受益的读者希望我再撰写一本新书。于是我应读者的要求在 1935 年末撰写了我的第三本书《江恩测市法则》，向读者奉献出了我的经验和我发现的实用的新规则。

1935 年以来发生了很多变化，市场经历了我预测到的 1937 年恐慌。这轮下跌在 1938 年[①] 3 月结束，一轮小型牛市接踵而

① 译注：原书是 1928 年。

至，一直持续到 1938 年 10 月。

第二次世界大战于 1939 年 9 月 1 日爆发，美国于 1941 年 12 月参战。在我们陷入战争后，股票市场经历了更大规模的股票套现，1942 年 4 月 28 日股市终于到达了最低点，很多股票的价格比 1938 年间的最低点还要低，甚至低于 1932 年以来的最低点。

从 1942 年的最低点开始，一轮长时间的上涨接踵而至，并一直持续到了 1945 年 8 月对日战争结束。

1946 年 5 月 29 日，股市到达了 1929 年以来的最高点。我的交易规则和预测都指明了这轮涨势的顶部，以及紧接着出现的陡直下跌，这轮下跌一直到 1946 年 10 月 30 日才到达了最终的最低点。

从我完成我的上一本书到现在已经过去 14 年了。在这期间，通过在市场中实际操作，我又获得了更多的知识。这个世界使人感到困扰和迷惑；投资者和交易者对经济的萧条和股市的下跌感到茫然。很多读者写信请求我再撰写一本新书。怀着帮助他人的心愿，我撰写了《江恩华尔街 45 年》这本书，向读者奉献出我的经验和一些新发现，以便在困难时期为他人提供帮助。我现在已经 72 岁了，功名对我而言没有任何意义；我的收入远大于我需要的支出。因此，我撰写这本新书唯一的目的就是尽可能地奉献给他人最珍贵的礼物——知识！如果有人能因此找到更安全的投资方法，我的目的就达到了。读者的满意就是对我最好的嘉奖。

W·D·江恩

1949 年 7 月 2 日

原 著 序

1926 年我拜读了 W·D·江恩先生于 1923 年撰写的《江恩股市定律》一书。这本书对我而言可谓是一部杰作。后来我在 1927 年有幸见到了江恩先生，并且从那时起拜读了他的所有著作。无论是好时光还是艰难的日子，江恩先生制定的那些规则都使我受益匪浅。

他在书中的某个地方说道：**“记住，当我们进行一笔交易的时候，有可能会出错，因此要设置止损单做保护。”**另一条规则提到，**“存有疑惑时，就要退出市场。”**他还说，“当我们仅仅是因为希望而继续持有时，就要退出市场”。我之所以说这些，是为了表明我遵循了江恩先生在书中提到的这些规则，且正是这些规则帮助我取得了成功。

能在江恩先生的最新著作《江恩华尔街 45 年》付梓之前拜读，我感到无比的荣耀。在此，我也向广大读者推荐这本书。江恩先生在这本书中分享了他这么多年来研究和学习的成果。从工作勤奋的角度而言，我认为江恩先生是唯一一位可以和托马斯·爱迪生相媲美的人。

在这本他最新的著作中，短时间周期的价格修正规则对于任何投资者来说都是极有价值的。时间周期规则、3 日图、9 点图和周年纪念日都是江恩先生的最新发现，我从来没有在其他著述中读到过。

如果你能好好学习这本书中的规则，在实际运用中不带着希望或恐惧，这些规则一定能帮助你赢得财富并守住财富。

克拉克斯·柯文

1949 年 7 月

目　录

图　表

第一章　现在比 1932 年以前更难赢利了吗

很多人给我写信询问这个问题。我的回答是：不是的。只要你能选择正确的股票进行买卖交易，现在也能和以前一样获得巨大的赢利。环境的变化在一定程度上引起了市场行为的变化。政府颁布了相关的法律法规来调节规范股票交易，并要求更高比例的保证金；所得税法迫使着投资者们尽量做长线交易，因为这样可以避免缴纳太多的个人所得税；“割头皮”的短线交易已经不再那么划算了，因为捕捉短期内的价格波动变得越来越没有保障；待在经纪人的办公室里紧盯行情报价的方式早已经过时了，只有花时间绘制各种图表并研究它们才能使我们赢利。

许多上市很久的股票已经变得比较成熟，运动也更加缓慢了，这减少了短时间内快速获得赢利的可能性。市场中，股价在 100 美元以上，并且宽幅波动的股票也少了很多。

1949 年 6 月 14 日，股市到达了极限低点，当天大约有 1100 只股票在交易，其中仅有 112 只股票的价格在 100 美元每股以上。这些股票中的很多优先股被投资者持有，价格在很窄的范围内波动。同一天，315 只股票的价格在 20 美元每股以下；202 只股票的价格在 10 美元每股以下；83 只股票的价格甚至低于 5 美元每股。市场共计有 600 只股票价格低于每股 20 美元，占股票总数量的 50％还多。正是由于这样多的低价股，我们才只能通过长线投资来赚钱。

近几年来，很多高价股已经通过分红除权拆细了股票，这导致更多的股票进入了低价股的行列。

同样的本金能赚取更多的赢利

相对几年前，今天你可以用同样的本金赚取更多的钱。比如，一只100美元每股的股票，在过去你要买100股就得拿出10000美元的本金，也就是全额付清。而如今你可以凭50%的保证金（即5000美元）买进这100股。假设每股上涨10个点[1]，你就可以获得1000美元的赢利，占实际投入资金总额的20%。假设你现在用50%的保证金买进1000股10美元每股的股票，就只需要5000美元的资金。如果该股票上涨了5个点，那么你就净挣了5000美元，这可是你投入资金的100%。现在有很多前景看好、未来看涨的低价股，因此你有机会与几年前一样快速赢利。

成交量减少

近年来，纽约证券交易所的股票总成交量大大减少了。这是因为投资者买进股票后持有的时间更长了。自从一系列证券交易条例颁布以来，市场中的长线炒作集团已经离场，操纵股市的现象也销声匿迹了。但这并不意味着未来就没有大型牛市，也不意味着股价丧失了大幅上涨的可能性。随着时间的推移，大量股票都被长线投资者攥在了手里，流通的股票逐渐被吸纳。这样一来，一旦出现突发事件而掀起一轮购买浪潮，购买者们便会发现一些股票的筹码十分稀缺，因而买方的购买将抬高这些股票的价格。股价被抬得越高，想买的人就越多，这是经常发生的事。这将引发牛市最后阶段的最后的重要冲刺和股价的快速上涨。历史不断重演，过去在华尔街发生的一切，将来也必将重现。

1946年1月，美国政府颁布法规强迫股票买进者必须拿出100%的保证金，换句话说，就是必须全额付清。当时大量股票都在高价区间，并且已经持续上涨了3年半。政府的这项法规阻止公众继续买股票了吗？没有！平均指数接下来上涨了20多个点，并持续了5个多月，直到1946年5月29日才终于达到最终的最高点。这也证明了只要市场处于强烈的多头氛围，政府是无法阻止股市上涨的。实际上，很多交易者会认为：政府之所

---

① 译注：美股1个点就是1美元。

以会采取这样的行动是因为政府担心股市会出现一轮像脱缰野马一样失控的上涨。交易者正是相信了这一点才不顾政府出台的提高保证金的政策而继续买进股票。我的经验告诉我，只要时间循环呈现上升趋势，什么也阻止不了价格上扬。同样，只要时间循环呈现下降趋势，也没有什么可以阻止市场下跌。股市可能而且也的确会因为利空而上涨；也可能而且也的确会因为利好而下跌。

1949 年 3 月，政府将交易的保证金额度调低到了 50%。许多人认为这下子股市该上涨了，牛市就要来临了，但事实却并非如此。股市仅仅反弹了两天，到 3 月 30 日便转而下跌，直到 6 月 14 日，平均指数下跌了 18 个点。市场下跌是因为趋势向下，下跌趋势的时间循环并未结束。

股市中的分化运动

相对多年以前，近几年来市场上出现了更多的分化运动。一些股票板块上涨的同时，另外一些股票板块则在下跌。这是由多种原因和行业的差异化引起的。如果你坚持绘制最高价与最低价的月线图表①，并利用我告诉你的交易规则，就可以正确的判断出这些分化运动，并把握特定个股的趋势。

你为何会在股市上赔钱
以及如何把损失弥补回来

为什么大多数买卖股票的人都会赔钱呢？主要有以下三个原因：

1. 过度交易，也就是相对于他们的本金来说，买卖的额度太大了。
2. 没有设置止损单来限制他们的损失额度。
3. 缺乏知识。这是最重要的原因。

大多数人买进一只股票是因为他们希望这只股票能上涨，这样就可以

---

① 译注：Monthly High and Low Chart，江恩绘制图表的常用方式，以当月的最高价和最低价作为柱状线的上下端点，每月一根柱状线。

赚钱了。这些人听从内幕消息或别人的意见而买进股票，自己并不具备判断股票能否上涨的特定知识。因此，他们错误的进入了股市，并且没有在一切都还来得及的时候意识到错误或者试图纠正错误。最终，他们会因为害怕股价会大幅走低，从而将手里的股票在最低价附近卖出，结果在错误的时候狼狈退出。这样就犯了两次大错：在错误的时候进场，又在错误的时候离场。他们有一个错误是本应当可以避免的，错误进场之后是可以选择及时脱身的。他们并没有意识到，与工程和医学专业一样，股票交易和商品期货交易就是一项生意，或者说一种专业。

你为什么应当学习判断市场的趋势

你可能已经尽力根据市场评论来操作，可仍然像许多人一样还是赔钱或是没有赚到钱。这是因为市场评论推荐的列表中包括了太多可以买卖的股票，而你恰恰选择了一只错误的股票并因此赔了钱。聪明人是不会盲目跟随他人的，即使他人的意见是正确的。因为在你不了解别人判断的依据情况下，你就不能有足够的信心听从他人建议并采取行动。当**你自己能看出**并**知道**股价为什么会**上涨**或**下跌**的时候，你就能自信地交易并获得赢利了。

这就是为什么你需要学习我的规则，并亲手绘制你所关注个股的图表和平均指数图表的原因所在。如果你能做到这些，你就能独立操作而不是依赖于他人建议，因为经过时间验证的规则会告诉你如何判断市场应有的趋势。

第二章　股市交易规则

为了在股市交易中成功，你首先要获取知识；在赔钱之前必须先学习。很多交易者在一无所知的情况下就贸然进场，在损失了大量本金之后才意识到：交易前先必须经历一个准备阶段。我将告诉你我这45年多的时间内在股市中赢利的成功方法，分享我总结归纳出的规则。如果你能学会并遵循这些规则，必能成功。

首先你要明白，进行一笔交易时你有可能会出错；然后你**必须知道怎么做**才能**纠正自己的错误。**方法就是要在低于买进价格的1、2或3个点处**设置止损单来限制**你的风险。这样一来，一旦你判断失误，你买进的股票将会自动被卖出，并且你也能够在有确切标志之时重新进场。**不要猜测，**依据我给出的明确规则，以及基于这些规则的确切标志进行交易，这将提高你成功的几率。

务必熟读我在《江恩股市定律》、《江恩选股方略》和《江恩测市法则》三本书中所给出的所有规律和例子，研究我在这本《江恩华尔街45年》中总结出的12条规则和24条规则。这些规则都是可靠的，只要好好学习它们，一定能有收获。记住：学无止境，永远准备好并乐于接受新东西；绝对不能认为自己无所不知。如果这些你都做到了就能获得更大的进步。时代不同了，环境也变了，你得学着适应，并随之改变自己。人性是不会改变的，这也就是为什么历史会不断重演，并且年复一年地在某些条件下与不同的时间循环中股市的表现大同小异的原因所在。

规则 1. 判断趋势

研判道琼斯 30 种工业股平均指数和 15 种公共事业股平均指数，以及其他任何你要交易的股票板块的平均指数的趋势，然后在你想要交易的股票板块中选择一只股票，观察这只股票的趋势指标是否与平均指数的趋势一致。你应该在平均指数上使用本书后面阐述的 3 日图和 9 点平均指数摆动图，并应用所有规则去判断何时是买卖股票的最佳时间。

规则 2. 在单底、双底及三重底买进

在双底和三重底买进，或在接近先前的老底、老顶或阻力位的单底买进。记住这条规则：当顶部或是上限被穿越后，随后市场向下回调到了这些顶部或稍微跌破了这些顶部，之前作为卖出点的顶部就变成了下限、支撑位或是买进点。卖出点要沿着单顶、双顶或者三重顶。要牢记，当市场跌破了老顶几个点，然后又反弹到了这个顶部或者接近这个顶部时，这个顶部就变成了卖出点。在你建立一笔交易之后，需要在一个适当而安全的位置设置止损单，并立刻将其交给你的经纪人。如果你连在什么位置设置止损单都不知道，就别进行交易。

别忽视这样一个事实：当平均指数或是特定个股第 4 次达到同一价位时，这个价位就不是一个安全的卖出点，因为此时市场几乎总是会向上突破。这条规则在底部同样适用。当市场第 4 次下跌到同一水平时，大多数情况下，它将向下穿越底部并持续下跌。

双顶和双底的意义

平均指数的双顶会在 3～5 个点的范围内形成。然而，除极端情况之外，大多数的双顶在 1～2 个点的范围内即可形成。双底的形成也是这个规律。如果多年以前在这个相同的价位附近已经有过一个底部，那么平均指数可能会跌破先前的这个底 4～5 个点，但这并不意味着平均指数会大幅走低，而是有可能会形成一个双底或是三重底。

个股通常会在 2～3 个点的范围内形成一个双顶，有时候是在 1～2 个点的范围内。双底的形成也是这样，在 2～3 个点的范围内形成一个双底，有时候两个底之间仅仅只有 1～2 个点的差距。因此，个股的止损单应该设

置在高于其双顶或三重顶1～3个点的位置，具体位置取决于该股票当时的实际价格。同理，止损单应该设置在低于双底或是三重底1～3个点的位置。

当平均指数或个股第3次达到相同水平即形成了一个三重顶或三重底。这通常是一个最安全的买进或卖出时机，因为市场从三重顶或三重底离开会非常迅速。

规则3. 按百分比买卖

从任何高位下跌到50%位买进，从任意低位反弹到50%位卖出，只要这些回调和反弹仍处于主要趋势中。你可以根据个股百分比与平均指数百分比预测阻力位和买卖点。你可以依次利用这些百分比：3%～5%、10%～12%、20%～25%、33%～37%、45%～50%、62%～67%、72%～78%以及85%～87%。最重要的阻力位是50%、100%以及100%的整数倍（请参考“最高价与最低价的百分比”一章的例子）。

规则4. 按3周涨跌买卖

当牛市中主要趋势向上，并出现3周的回调或下跌时买进，因为这是强劲牛市的平均回调时间。当熊市中主要趋势向下，应在为期3周的反弹后卖出。

在市场上涨或下跌30天甚至更久之后，下一个要观察顶部或底部的时间周期大约是6～7周，这将是买卖的位置。当然，别忘了根据阻力位设置止损单加以保护。在市场反弹或下跌超过45～49天，下一个时间周期大约是60～65天，这应该是熊市反弹或牛市回调的最长平均时间了。

规则5. 市场分段运动

股市运动一般分为3～4段或浪。当市场完成了第一阶段的向上运动，千万别以为它已经到达了最终的顶部。因为对于真正的牛市，在最终最高点来临之前至少会运行3段，也可能是4段。

对于熊市，即下跌市场而言，当市场走完第一下跌或者第一段时，千万别以为它已经到了最终的底部，熊市结束之前也会运行3段，也可能是4段。

规则 6. 按照 5～7 个点的运动买卖

在个股回调 5～7 个点时买卖。当市场强势时回调将运行 5～7 个点，但不可能下跌 9～10 个点这样多。通过研究工业股平均指数，你就能看出一次反弹或回调常常是少于 10 个点的。然而，注意 10～12 个点的反弹或下跌以便确定买进点和卖出点则是非常重要的。下一个需要格外注意的是从任何重要顶部或底部涨跌 18～21 个点处，平均指数的这类调整通常预示着一轮运动的结束。

何时兑现赢利——在你已经买进或卖空股票之后，你需要知道的下一件事就是何时获利了结。遵循所有的规则，在没有出现趋势确切的变化标志前不要获利了结。

规则 7. 成交量

研究纽约证券交易所的总成交量与时间周期的关系，研究本书后面的“成交量”一章的各项规则。根据给出的规则研究个股的成交量，因为成交量可以帮助你判断趋势在何时改变。

规则 8. 时间周期

时间因素与时间周期是判断趋势变化最重要的因素，因为时间能使价格失衡。当时间到了，成交量就会放大，从而迫使价格走高或走低。

趋势变化的日期——股市平均指数和个股在趋势中遵循季节变化，不同年份呈现不同的特点。但是，只要通过了解并仔细观察一些重要日期，再结合其他的所有规则，你就能快速判定趋势中的变化。这些重要日期如下：

1 月 7～10 日，19～24 日。这是一年开始时最重要的日子。持续几周、甚至几个月的趋势，经常会在这些日期附近变化。你查看以往的历史记录就能验证这一事实。

2 月 3～10 日，20～25 日。这些日期的重要性仅次于 1 月的那几天。

3 月 20～27 日。在这些日期内通常会发生小型变化，有时会产生主要的顶部或底部。

4 月 7～12 日，20～25 日。尽管不如 1 月、2 月那几天那么重要，但是4月的后半段通常都是相当重要的趋势变化期。

5月3～10日，21～28日。5月发生的趋势变动的重要性绝不亚于1月和2月，过去在这些日期出现了很多主要的顶部和底部，以及趋势发生了变化。

6月10～15日，21～27日。在这些日期趋势会发生小的变化，一些年份还出现过极限高点和极限低点。例如，在1948年6月14日，出现了极限高点；截止到我写到这里时，在1949年6月14日出现了极限低点。

7月7～10日，21～27日。这个月的重要性仅次于1月，因为这是一年的当中时段。上市公司会在此时派发红利，并且季节性的变化及公司的运营状况也会影响股票趋势的变化。

8月5～8日，14～20日。从某种角度来讲，该月的重要程度与2月相似。查看之前的记录，你就会发现在这些日期附近都发生了多么重要的变化。

9月3～10日，21～28日。这个时间周期比一年里面的任何时候都关键，特别是对于顶部或牛市的最终最高点的形成。9月出现的最高点比任何其他月份都多。这些日期也会出现一些小幅的转折点，上涨与下跌都有可能。

10月7～14日，21～30日。这些日期也是相当的重要，一些主要趋势的变化会在这些日期内发生。如果市场已经下跌或者上扬了一段时间，这段时间就应该留心观察。

11月5～10日，20～30日。对过去历史的研究可以证明，这些日期对于趋势变化是非常关键的。在选举年中，趋势的变化通常发生在月初，而在其他年份，一般是20～30日出现低价点。

12月3～10日，15～24日。这么多年来，在12月后半段与进入1月的时期，趋势变化出现在这个时间段的百分比是很高的。

参考3日图上显示出的到达极限高点和极限低点的精确日期，查看这些过去的日期，并在以后每个月的这些日期留心观察。

在查找趋势变化的日期时，注意市场距离最高点或最低点是否运行了7～12天、18～21天、28～31天、42～49天、57～65天、85～92天、112～120天、150～157天或175～185天。越是从重要顶部或者底部开始的时间周期，对于趋势的变化就越重要。

市场失衡——平均指数或是个股在上涨或下跌一段相当长的时间之后就会失去平衡。趋势持续的时间越长，则回调或反弹的力度就越大。当某次下跌的时间周期比前一次下跌的时间周期要长，就表明了趋势的变化。当价格相对于前一次的下跌或是回调幅度更大的时候，也表明了市场失去了失衡，趋势正在发生变化。

此规律反过来也适用于熊市。在持续下跌一段相当长的时间后，当反弹的时间周期第一次超过相邻的前一次，则说明趋势正在变化，至少是暂时性的改变。当反弹幅度第一次大于临近的前一次，则表明**空间**运动，或者说是**价格**运动失衡了，趋势变化已经开始了。时间变化比价格逆转更重要。当这些逆转出现时，要应用所有的规则去判断这个时候趋势的变化是否必然会发生。

当市场正在接近长期向上摆动或向下摆动的终点之时，即市场已经延伸到第 3 段或是第 4 段时，相对前一段运动，价格上涨幅度将更小，持续的时间周期也将更短。这是趋势变化必然发生的标志。在熊市，即下跌市场，相对于前一段运动，若下跌的幅度更少且持续时间周期更短，这是本轮时间循环已运行到尾声的标志。

规则 9. 在更高的顶部和底部买进

当市场正在形成更高的顶部和底部时买进，因为这表明主要趋势是向上的；当市场正在形成更低的顶部和底部时卖出，因为这表明主要趋势是向下的。时间周期永远都是最重要的。检查从上一个顶部到当前顶部的时间周期，以及从上一个底部到当前底部的时间周期；还要查看市场从极限低点向上运动到极限高点所需要的时间，以及从极限高点向下运动到极限低点所需要的时间。

最高价和最低价月线图——当市场运动缓慢、价格窄幅波动时，尤其是对于低价股票，你需要做的就是绘制出最高价与最低价的月线图表；当市场较活跃时，你可以转为观察最高价与最低价的周线图表；当股价较高时，则要坚持看最高价与最低价的日线图表。不过请记住，3 日摆动图作为股价趋势的探测器，比最高价与最低价的日线图表要重要得多。

规则 10. 牛市的趋势变化

趋势的变化通常发生在节假日前后。以下这些日期很重要。1 月 3 日，5 月 30 日，7 月 4 日，9 月初，劳动节后，10 月 10～14 日，选举年的 11 月 3～8 日，11 月 25～30 日，感恩节，12 月 24～28 日。在确切的趋势变化之前，时间也可能延伸至 1 月初。

当工业平均指数或个股突破 9 点摆动图、3 日图的上一个最低点，这表明趋势在发生变化，至少是临时的变化。

熊市：在下跌市场中，当价格突破 9 点图或 3 日图上一个向上摆动的顶部，这是**趋势变化的第一个信号。**当股价较高时，通常会有若干个上下摆动的过程；当市场跌破上一个摆动过程形成的最低点时，意味着趋势要发生变化。

当股价较低时，股价跌势通常会减缓，并且交易价格会在一段时间内保持在一个狭小的范围，随后当价格穿越上一次摆动的顶部时，这对于趋势的变化是非常重要的。

要不断地查看市场是否已与某一个极限高点或极限低点相距 1、2、3、4 或是 5 年了。回顾过去，看看市场从某个极限低点开始运动所经历的时间周期是否是 15、22、34、42、48 或 49 个月，这些都是观察趋势变化的重要时间周期。

规则 11. 最安全的买卖点

在趋势变化确定之后再买进股票往往是最安全的。当一只股票形成底部并反弹，随后出现一个次级回调，而且在一个更高的底部获得支撑。当股价又开始上涨并穿越**第一次反弹的顶部，**这时就是最安全的**买进点，**因为市场已经给出了趋势向上的标志。**止损单**可以设置在**次级回调底部**的下方。

最安全的卖出点——当市场上涨了很长一段时间并形成了**最终的高点，**随后是**首次陡直而快速的下跌，**接着又反弹并形成了相对低的**第二个顶部，**再从第二个顶部下跌直到击穿首次下跌所形成的底部。这时候再卖出会更安全，因为主要趋势已经显现出明确的调头**向下信号。**

2 日回调和 2 日反弹：对于活跃的市场，2 天是一个非常重要的时间周期。价格回调仅仅持续 2 天，不会下跌到第 3 天。在出现任何趋势变化的迹像之前，这种情况会多次发生。当一只股票或是平均指数仅仅回调 2 天，这就是非常强势的形态。你能在为 3 日图准备的数据表中发现一些 2 日运动。

在一个活跃并且快速下跌的市场中，反弹将会是陡直和快速的，仅仅持续 2 天。研究为 3 日图准备的数据表，你将会发现 1929 年秋天以及 1930～1931 年熊市期间有很多这类的反弹。

记住，只要趋势向上，股价再高也可以做多；趋势向下，股价再低也可以卖空。但是千万别忽视这样一个事实：你必须要设置止损单作为保护。永远跟随着趋势，不要逆势操作：在强势形态买进股票、在弱势形态卖出股票。

规则 12. 快速运动中的价格收益

当市场非常活跃并且涨跌非常迅速时，平均每个日历日运动 1 个点。在平均指数或个股价格每个日历日运动 2 个点，甚至更多点的时候，说明已经远离市场正常水平，这种状态并不会持续很久。在牛市中，这种运动一般以短时间周期的快速修正性回调或下跌的形式出现。在趋势向下的熊市中，这种快速的反弹会在短时间周期内修正市场的强弱形态。详情及例子请参见“短时间周期的价格回调”。

这句话我希望你深深地印在心里：如果你期望在股票市场投资中取得成功，就必须花很多时间来学习。因为你投入的时间越多，你获得的知识就越多，今后你将取得的赢利就会越多。我在长达 45 年多的的时间内努力尝试和验证这些规则，这些实践经验向我证明了一个人成功的必要条件究竟是什么。我已经把有用的规则给了你，剩下的事情就靠你自己了。你必须学习这些规则，并在正确的时间按照这些规则进行实际操作。

24 条战无不胜的规则

为了在股市中交易成功，交易者必须有明确的交易规则，并遵循这些规则。以下列出的规则都是基于我个人的经验，任何遵循这些规则的人必定能成功。

1. 投入的本金数额：将自己的本金分为 10 等份，在任何一笔交易中，永远不要拿超过1/10的本金去冒险。

2. 设置止损单。交易时始终要在 3～5 个点位的位置设置止损单做保护。

3. 永远不要过度交易。过度交易将违反上述有关本金的交易规则。

4. 永远不要让赢利变成损失。一旦获得的赢利达到或是超过 3 个点，就要提高止损价，以便本金不会遭受损失。

5. 不要对抗趋势。如果根据自己的图表无法确切地判断出趋势，那么就不要买进或是卖出。

6. 心存疑问时立即离场，更不要在心存疑问时入市交易。

7. 只在活跃的股票上进行交易。远离呆滞的死股票。

8. 平均分散风险。如果可能的话只交易 4～5 只股票。避免将自己所有的本金都放在一只股票上。

9. 永远不要限价委托或者设定买进或卖出的价格。要进行市价委托。

10. 不要无缘无故地平仓。始终坚持设置止损单保护自己的赢利。

11. 积累盈余。交易取得一系列的成功之后，将一些资金存到盈余账户，以便在遇到紧急情况时或是恐慌时期使用。

12. 永远不要仅仅为了获得分红而买进。

13. 永远不要摊平损失。这是交易者可能会犯的最严重的错误之一。

14. 永远不要因为失去耐心而离场，也永远不要因为迫不及待而入市。

15. 避免小赢利大亏损。

16. 如果进行交易时设置了止损单，就绝不要撤销。

17. 避免过于频繁地进出市场。

18. 做多与卖空要有同样的意愿，使自己的目标与趋势保持一致，这样做就能赚钱。

19. 不要仅仅因为某只股票的价格低而买进；也不要仅仅因为某只股票的价格高而卖空。

20. 注意不要在错误的时间加码。要等到股票变得非常活跃并穿越阻力位之后才能加码买进；要等到股票跌破派发区间之后再加码卖空。

21. 做多时选择小盘股进行加码；卖空时则选择大盘股。

22. 永远不要对冲。如果我们做多的一只股票开始下跌，不要通过卖空另一只股票来进行对冲。以市价卖出离场，认赔并待下一次机会。

23. 永远不要无缘无故地改变自己在市场中的头寸。进行交易时要有充分的理由或是根据清晰的交易计划；一直到出现趋势变化的确切标志后再离场。

24. 避免在长期的成功或赢利之后增加自己的交易规模。

当我们决定进行一笔交易时，一定要确保自己不会违背这 24 条交易规则当中的任何一条。这些交易规则对你的成功至关重要。当我们因为亏损而平仓时，对照这些交易规则看看自己违反了哪一条；然后下一次不要再犯同样的错误。经验与研究将使我们相信这些交易规则的价值，同时观察与研究将引导我们总结出在华尔街取得成功所需要的正确而实用的理论。

本金安全

你首先要考虑的就是如何保住你的本金，以及使你的交易尽可能的安全。有一条安全可靠的规则，遵循并永不逾越这条规则的人可以永远保持住他的本金，并且其交易结果也会在每年年终的时候名列前茅。这条规则是将你的本金分成 10 等份，绝不能在一次交易中投入超过 10％的本金去冒险。如果你以 1000 美元作为本金，就不要冒险拿超过 100 美元的钱投入到你的第一笔交易中，并采用设置止损单的方法来现在限制损失。亏损 3 个点，10 股亏损 30 美元，这比 100 股亏损 300 美元好多了。只要有本金去交易，你就总能找到新的获利机会。一开始就冒巨大的风险会危及到你的本金安全，并且会削弱你的判断力。以这种安全的方式交易，即使出现亏损，你精神上也不会有什么压力。

止损单

我认为对于止损单的价值强调多少次也不为过，因为关键在于设置止损单是保护投资者和交易者的唯一安全阀。当投资者和交易者设置了止损单，十次中有一次恰好在顶部[①]或底部[②]被触及，并导致止损单被执行。从此以后，他总是记着并说："如果我设置了止损单，股价下跌时就会正好触及止损价，或者在上升正好触及它，随后市场就会向另一个方向变化。"因此，下次他就不再设置止损单了。他的经纪人经常告诉他止损单总是能成交。交易者忘了十次中有九次止损单是正确的——在市场趋势对他不利的时候帮助他脱身，避免了大量的亏损。止损单九次正确地帮你脱身肯定能弥补一次错误地让你出局。因此，别放弃使用止损单。

改变主意

智者会改变主意，愚者永远不会。智者会先调查再做出决定，愚者只知道盲目决定。在华尔街那些不会改变主意的人将很快就会丧失改变的机会。一旦已经下定决心进行交易并有充分的理由，就不要无缘无故地改变主意。我所指的最重要的一点就是，不要在市场走向对自己不利时改变止损价或是撤销止损单。在进行交易时，应该做的第一件事就是设置止损单进行自我保护。一旦设置了止损单，便说明我们的行为是明智的，同时也运用了良好的判断力，做出这个决定之后再改变主意是愚蠢的。这样做不是基于良好的判断，而是一厢情愿的希望。在华尔街一厢情愿的希望只会导致亏损。如果我们设置止损单之后始终不撤销，那么十次当中有九次的结果都将证明它是有史以来最好的办法，那些始终坚持这条规则的交易者将取得成功。我再一次重申，如果不能遵循交易规则就不要开始投机，因为那样我们将亏得一无所有。而我们必须遵循并永不偏离的一条规则就是：**在进行交易时设置止损单，并且始终不能撤销。**

---

① 译注：卖空的止损单。

② 译注：做多的止损单。

过度交易

历史之所以会不断重演是因为人性的弱点。总是贪婪地希望快速致富已经让公众损失了不计其数的美元。每一位富有经验的股票交易者都知道过度交易是他最大的弱点，但他仍然继续让这个弱点成为他毁灭的原因。在交易中要克服这个最大的弱点必须得有一个对策，而这个对策就是：**止损单。**这个最大的弱点必须被克服，而止损单就是对付过度交易的一剂良药。

保护你的赢利

保护自己的赢利与保护自己的本金一样重要。只要我们的交易出现了赢利，就绝不应该让赢利变成损失。这一规则也有例外情况，我们应当根据赢利的多少来决定止损价位。以下是我给出的一般情况下都可以使用的最安全的规则。一旦一只股票朝对我们有利的方向运动了3个点，就要立即在如果止损单被触及时我们可以平手的价位上设置止损单。在高价活跃股上，我们等到股票出现了4～5个点的赢利之后，就要再次将止损价位上移到即使市场发生逆转也不会亏损的位置上，这样做我们最终将获得回报。采用这样的方法，我们就将自己承受的风险降到了最低，而获取赢利的机会则是无限的。当股票朝对我们有利的方向运动时，就持续上移止损单跟进，这样便能保护并增加自己的赢利。

何时进场

知道何时买进或是卖出非常重要，我们必须有特定的交易规则和信号作为何时下达交易指令的标志。我们会发现，当我们认为市场即将见底或是见顶时，十次当中有七次我们的判断都是错误的。重要的既不是市场今天的表现，也不是我们认为它即将有什么表现，而是当我们期望赢利的时候市场出现的迹象究竟是什么[1]。

当某只股票到达最低价或最高价，并且我们也想建立头寸时，就要耐心等待出现表明趋势已经掉头向上或向下的信号。有时，我们可能会因为等待而错过底部或顶部；但是，如果等到有理由相信自己与趋势一致而不是相反的时候再进行交易，我们将省下一笔钱。

应该牢记的一件最重要的事情——既不是将要获得多少赢利，也不是即将遭受多少损失。我们应该先把钱的问题放到一边。我们的目标应该是在市场上始终正确，并且与市场趋势保持一致，并始终学习正确判断市场趋势。不要考虑赢利的问题。只要我们在市场上是正确的，赢利自然便会出现。如果我们是错误的，那么运用古老而可靠的保护器：止损单。

买卖过早或过晚

投资者经常离场太早。由于他们已经持有股票很长一段时间，一直在等待股票变得活跃并形成更高的价格，因此在股票第一次上涨到新的价位区间便立即卖出，这种做法是错误的。在本书的 113 页[2]参看艾奇逊（Atchison）、美国电话电报（AT&T）和纽约中央（New York Central）的摆动图。

还有一种投资者总是离场太迟。因为大幅上涨到来时，他握住股票不放，希望股票可以上涨到前所未有的价位。结果，股票始终没有到达他打算卖出的价位。第一次快速下跌到来时，他决定等股票再次上涨到之前的高价位就卖出。股票确实上涨了，但没能到达之前的高价位。随后股价下跌到更低的价位，而他则再次在自己脑子里确定了一个卖出价，而这不过是他希望中的价位。他看着股票不断地下跌，直到最后厌恶透顶，终于在股票已经从顶部的位置下跌了一大段之后卖出。等到看到趋势发生变化再卖出总是好的；但一旦确实看到趋势已经发生变化，就要立即卖出。对这

① 译注：江恩在这里表达的意思是，当我们计划进场的时候，市场要出现符合交易规则的标志和信号；当我们进场后，市场要出现交易规则阐述的后续市场表现的标志和信号，也就是说市场表现要对路。如果进场后市场没有出现应当有的表现，就可能是我们出错了。

② 译注：此处提到的图表在《江恩选股方略》一书中的 108 页。

类交易者来说，一条好的交易规则便是：必须设置止损单，即使是将止损价设置在距离当前价格10～20点的位置上。

延误的危险

在华尔街只有立即行动、毫不延误才能赚钱。光是满怀希望毫无意义，因为这样无法战胜这个游戏。那些依靠希望进行赌博的人总是会破产。我们必须停止希望并开始思考。然而，在进行思考之后，除非我们能在正确的时机采取行动，否则再好的想法都毫无用处。知道应该何时采取行动而不采取行动将不会有任何帮助。延误始终是危险的。希望得越久，在市场上采取行动时延误得越久，判断就越糟糕，也越容易犯错误。停滞不前将面临死亡和毁灭，而行动将带来新生。不管是对是错，不行动既不会为我们省钱，也不会帮我们赚钱。请记住，延误始终是危险的。立即行动会比拖延到某个不确定的时间要好得多。我们绝不应该在生病或沮丧时进行交易。当我们身体不适时，判断力总是会很糟糕。一名成功的投机者应该遵循的一条规则就是：保持身体健康，因为健康就是财富。

何时加码

加码有两种方式。一种是一旦市场进入新的价位区间或是创下新高、新低时，就加码买进或卖出。另外一种方式是在一轮快速变化的市场当中，如果市场朝着对我们有利的方向运动时，我们可以在市场每上涨或下跌3个点、5个点或10个点时继续买进或卖出，具体几个点数取决于我们交易的股票或是所采用的加码方式。我的方法是，确定回调的价位[①]以及一只股票从临时性的顶部回调了多少个点或是从临时性的底部反弹了多少个点。先判断出回调的幅度是3个点、5个点、7个点、10个点还是12个点；然后在股票从顶部回调的过程中，根据该股过去的回调情况，等到股票回调了3个点、5个点或10个点时进行第一次、第二次、第三次或是第

① 译注：英文原文是复数。因此是要确定回调各个可能价位。

四次的加码。在熊市当中，这条规则就要反过来用了。如果我们于1924～1929年在通用汽车股上遵循了这条交易规则，便会发现逐步加码要比每一次上涨或下跌许多点之后再买进或卖出要好得多。

我的时间规则可以在加码方面对我们有所帮助，那就是确定第一次重要回调出现的时间。举例来说，通用汽车于1924年开始上涨之后的回调仅仅只有3周的时间；在该股形成最终的顶部且主要趋势掉头向下之前，每当它从顶部回调2～3个星期都是有利的买进时机。确定回调出现的时间并以这种方式衡量回调的幅度将大大增加我们的赢利，并使我们跟随股票的主要趋势。有时这种趋势会持续好几年，这样我们便经常能够获利100～200个点。这条时间规则与其他交易规则一样，在高价活跃股上使用效果最佳，而且仅适用于活跃市场。

不管我们采用哪种加码方式，在加码的过程中都应当始终设置止损单，因为我们必须保护自己的赢利。我们获得的赢利越多，可以给市场的波动空间（反向的运动或是回调）也越大，也就是说，我们可以将自己的止损价设置在远离当前价位的位置上，这样一次自然回调就不会妨碍我们的加码。例如，假设我们在某只股票上涨时跟进，最初的买进已经积累了100个点的赢利。如果这只股票之前曾发生过（最多）20个点的回调，那么在主要趋势不改变的前提下不可能再次回调20个点，因此我们的止损价可以设置在比当前价位低20个点的位置，这样即使止损单被触及，我们的本金也不会遭受损失，损失的只会是一部分账面赢利。但是，在我们加码的最初阶段，应该将止损价设置在离当前价位更近一点的价位上，以便保护自己的原始本金。

能够预期的赢利应该是多少

绝大部分交易者都期待从投机行业中获得过高的赢利。他们不会停下来算一算，每年25%的赢利在10～20年之后将意味着什么。假设本金是1000美元，而年收益率为25%的话，10年之后便是9313.25美元。本金是10000美元，而年收益率为25%的话，10年之后便是93132.75美元。由此可见，只要保守一点，不要期待过高，那么要在适当的一段时间内积累一笔财富是非常容易的。许多交易者都是抱着在1周或是1个月之内让自己的资金翻倍的想法来到华尔街的。这是不可能做到的。有时也有罕见的机会出现，1天、1周或是1个月就能挣一大笔钱。但这种大的机会极少见，而且要很长时间才会出现一次。一旦我们遇到这样的机会并获得了大笔的赢利，千万不要让希望妨碍了自己的判断，期待能持续不断地获得这样大规模的赢利。记住，市场大部分的时间里都会正常运动，大部分的时间里我们都只能获得正常的赢利。许多交易者在买进或卖出时都不会思考自己可能获得多少赢利或是可能遭受多少损失。这里提供一条规则：当你认为自己获得的赢利可能无法超过3～5个点时就不要买进或卖出，除非你在距离当前价位1～2个点的位置设置止损单。一般来说，冒着损失3～5个点的风险去争取可能出现的3～5个点的赢利是不值得的。尽量到有机会的地方去，或者至少到赢利比亏损可能性更高的地方去交易[①]。当我们认为在某只股票上只可能获利3～5个点时，根本就没有必要介入这只股票，因为我们的判断可能是错误的，最终可能会亏损这么多甚至更多。我们最好等到股票穿越某个方向上的阻力位时再介入，同时介入到更大的获利机会与更长期的摆动当中。那些试图“剥头皮”的人是赚不到大钱的；他们只能获得微小的赢利。记住，要想取得成功，必须总是赢利大于损失；而规则就是：砍掉亏损，让利润奔跑。

收到追缴保证金的通知怎么办

如果在进行交易时按要求交纳了保证金之后，股票却朝对我们不利的方向运动，经纪人要求追缴保证金的通知就会接踵而至。大多数情况下，此时应该做的不是追加保证金，而是以市价卖出；如果我们在卖空的话就要买进回补。如果要追加保证金，就将这些保证金投到一笔新的交易上去，而这次新的交易我们必须要以判断更为准确、交易理由更为充分为前提。一个客户第一次追加保证金之后，十次当中有九次他都会继续持股，直到收到第二次、第三次追缴保证金的通知；只要还有资金，他都会追加，以至于在一次交易上亏掉自己所有的本金。如果经纪人不得不要求你追缴保证金，一定是有什么地方出了问题，而此时最好的办法就是离场。

---

① 译注：这里是指选择交易品种。

联合账户

如果可以避免的话，不要与别人合伙持有一个联合账户或是合伙交易。当两个人共同持有一个账户时，他们可能在选择正确时机买进做多或卖出做空时意见一致，而且可能恰好他们同意进行交易的时间是完全正确的。但是，问题就在于——等到了该平仓时，他们就很少能在平仓时间与兑现赢利的价格上意见一致。结果，他们在结束交易时便会犯错误。其中一个人会因为另外一个人不想离场而继续持有，最终市场逆转，这笔交易也就对他们不利了；之后他们便满怀希望持股不动，最终在这笔刚开始合作时还赢利的交易上遭受损失。一个人的脑子要在股市上操作并始终保持正确就已经很困难了，而两个人的脑子要协调一致并在市场上共同发挥作用就更是难上加难了。两个人合作成功的唯一方法就是：一个人负责买进和卖出，另一个人只负责设置止损单。止损单将在他们两个人犯错误时同时保护他们两个人。一个人和自己的妻子共同持有一个联合账户也是一个糟糕的决定。进场和离场都应该由一个人来决定，而这个人应该学会采取行动，并且是迅速地采取行动，同时还要在投机交易中不受合伙人的影响。

交易者不想知道的事情

一般交易者都不想听到令人痛苦的真相。他们想听的是符合他们希望的事情。买进一只股票时，他们相信所有的利好新闻、传言、观点以及谎言，却偏偏不信那些不好的报道或是某人告诉他的关于他已经买进的那只股票的不利消息。这些都是对他有利的真相，是他应该想听的真相，而不是那些会使他充满希望、后来却导致他损失的消息。交易者总是会在犯下错误之后说道："下一次我不会这样了。"然而，他下一次依旧如此，他们还是会重蹈覆辙，这就是为什么在华尔街总是会看到的老羊带着小羊走老路，步其后尘了。在华尔街人们很少会告诉别人自己遭受损失的真相。凡是交易者，不管大小，都总是谈论自己所获得的赢利，吹嘘自己成功的交易案例，但却闭口不谈自己的损失。因此，当那些无知的小羊羔来到华尔街就以为肯定能挣钱。他们听不到故事的另一面——即在华尔街损失是如何发生的。而这恰恰真正能对他有所帮助，可以阻止他与老一辈犯同样的错误。新手们应该知道，没有设置止损单和过度交易一直是在华尔街发生90%的破产原因。所以，要想取得成功，他就必须克服那些导致其他人破产的弱点。

人性——最大的弱点

获利时，交易者便会沾沾自喜，认为自己判断力很好，获利全是靠的自己。但遭受损失时，他的态度就会截然不同了。此时他很少会归咎于自己，也很少会尽力找出亏损的原因。他会替自己找各种借口和理由，说发生了意外，要是他当初没有听信别人的意见已经赚到钱了。他找出了很多的“如果”、“还有”和“但是”，认为这些都不是他自己的错。这就是为什么他还会再次犯错并遭受损失的原因。

投资者和交易者必须找出自己的解决办法，从自己而不是他人身上找到损失的原因，因为除非这样做，否则他永远无法改正自己的缺点。毕竟是我们自己的行为造成的损失，因为买进或是卖出的都是我们自己。我们必须寻找自身的问题并加以改正。这样我们便能获得成功；如果还是以前的老样子，我们是无法获得成功的。

交易者遭受损失的一个主要原因就是他们不自己思考，总是让别人替自己思考给出意见。而这些人的建议和判断实际上并不比他们自己的要好。为了交易成功，我们必须自己进行研究和调查。除非我们从一个小羔羊转变成寻觅知识的思考者，否则我们将重蹈所有老羊的覆辙——躺在保证金催缴者的斧刃下任由宰割。自助者才会有人相助，或者才有人指点你怎样做才能自助。

我能为你提供世界上最好的交易规则，以及判断一只股票的强弱形态最好的方法，但即使这样你还是可能会因为人的因素输掉账户上的钱，人性是你最大的弱点。你不会遵循规则，你会仅凭希望和恐惧而不是事实来行动；你会犹豫延迟；你会失去耐心；你会仓促行动或是延误时机；你会因为自身人性的弱点而自欺欺人，把失败归咎于市场。永远记住，赔钱是你的错误，并不是市场本身，或市场操纵者的行为导致了你的亏损。因此，要么遵循交易规则，要么远离投机，否则你注定要失败。

第三章　如何选择独立运动的个股

很多股票在其他股票创新低的时候却在创新高，它们的趋势独立于平均指数和不同的股票板块。通过研究过去几年在图表上的表现，你可以在这些独立行情刚开始时就识别出来。

例如——城市服务公司（Cities Service）

1938年最高价为11美元，1939年最低价为4美元。1942年最低价2美元，最高价3½美元。该股在11美元到2美元的价格区间运行了长达4年的时间，并且1942年间股价波动的区间仅有1½美元，表明该股想离场的人都完全抛售了，只有内部人士想买进。此时你可以抓住机会买进，因为即使该股摘牌，你也就仅损失2～3美元而已。但是，你要知道的是什么时候买进，什么时候它是安全的，以及什么时候表现出确定的向上趋势。1943年，该股在5年之后穿越了1938年的最高价11美元，这表明该股将大幅走高。因此，你应该立刻买进。不断形成更高的底部和顶部说明了该股的主要趋势是向上的。

1948年6月，该股最高价达64½美元。在显示出主要趋势向上之后，该股上涨了53个点。当时你如果以11美元买进，（距离买进价）3个点的止损单就能控制风险了，而且不用加码就能将你的本金增加四五倍。

1949年，最高价48美元，最低价38美元，仍然高于1948年的水平。只要该股能保持在38美元之上，就还能向上攀升，因为该公司的盈利状况不错。

做多一只股票，卖空另外一只股票

之前我在“股市中的分化运动”一节中提过，某些股票持续上涨并形成了新高；同时另一些股票却不断下跌并形成了新低。很多时候，你可以在高位卖空一只股票，同时在低位买进另一只股票。这些股票的价格将会相互靠近，你会两头获利。

美国无线电和百事可乐

1947年8月，百事可乐（Pepsi—Cola）股价是34½美元。该股先前的股价为40美元，随后不断形成更低的顶部。根据所有的规则来看，该股的趋势是向下的。假设你在32美元卖空了100股百事可乐。与此同时，美国无线电（Radio）的股价是8美元，并在最低价位附近获得了有力支撑。你以8美元买进100股美国无线电，并且在7美元处设置止损单。卖空百事可乐你可以将止损单置于35美元处，如果两个止损单都被触及，加上佣金，总的损失大约有400美元。实际上，这两只股票都没有触及止损单，百事可乐持续下跌，而美国无线电则持续上涨。

1947年，美国无线电最低价是7½美元。利用我的100%上涨规则，我们可以预计美国无线电将涨到15美元。1948年6月，美国无线电到达15美元，因为抛压沉重，该股没能突破阻力位继续上涨。你有充足的时间在15美元左右卖出。

在1948年，百事可乐股价跌破20美元，这是从前一个最高价40½美元下跌了50%。既然跌破这个重要的支撑位，你就可以继续卖空百事可乐，将止损单降低到21美元。1948年12月，百事可乐最低价7½美元，跌破了该股1939年的支撑价，这是以8美元回补百事可乐的时候了。这样的操作，你将在百事可乐获利24个点，在美国无线电获利将近7个点。百事可乐股价并没有跌到7美元，而是反弹到了12美元。你可以再买进该股，并用7美元的止损单作为保护，这个止损单不会被触及。

何时买进美国无线电

查看这些年来最高价与最低价的（年线）图表。1945年，美国无线电的最高价19⅝美元；1947年，最低价7½美元。1948年最高价15美元。在

7½～15 美元之间的中间点是11¼美元，即 50%位。上一个极限高点是19⅝美元，该最高点的下跌 50%位是 9.81 美元，大约是每股 10 美元。1949 年 6 月 14 日，美国无线电下跌到9¾美元，一直到 6 月 29 日股价仍然在9⅝美元的低位。这给了你一个机会，能够以 10 美元每股的价格买进你想要的所有股票。你可以在8½美元设置一个止损单。接下来你要知道的是：该股什么时间显现出强劲的上涨趋势。当该股穿越11¼美元的价格，并且在该价位之上站稳时，就表明该股将继续走高。下一个目标价格是 1949 年的最高价 15 美元和 1945 年的最高价19⅝美元。一旦美国无线电股价穿越 20 美元，该股就会处于非常强势的形态，价格还会继续大幅走高。我相信美国无线电的未来一片光明，将来它很有可能再次成为真正的领涨股。

第四章　最高价与最低价的百分比

我最伟大的发现之一就是如何计算平均指数和个股的最高价与最低价的百分比。极限高点与极限低点的百分比指示了未来的阻力位。

每一个最低价都与未来的某个最高价有关系，并且最低点的百分比预示着下一个最高点将在什么位置出现。在这一价位，你仅承担可控的风险就可以卖出长期持有股票的全部多头筹码并同时做空。

极限高点或是任何小型头部都与未来的底部或最低价有关系。根据最高价的百分比可以判断出未来最低点出现的价位区间，也能给出下跌阻力位，在下跌阻力位买进股票仅需承担有限的风险。

最重要的阻力位是任何最高价或最低价的50％位。第二重要的阻力位是平均指数或个股最低价的100％位。你还应当采用200％，300％，400％，500％，600％或是更多，这取决于最高价与最低价之间的价格和时间周期。第三重要的阻力位是最低价或最高价的25％位。第四重要的是极限低点或极限高点的12¼％位。第五重要的阻力位是最高价的6¼％位，但这仅适用于平均指数与个股价格非常高的时候。

第六重要的阻力位是33.33％位（三分之一）或66.67％位（三分之二）。在25％位和50％位的阻力位失效后，再关注这两个阻力位①。

① 译注：通常三分位要放在二分位之后考虑。

为了知道这些重要的阻力位在何处，你就应该一直存有根据工业平均指数和你所交易的个股所绘制的百分比数据表。

1896 年 8 月 8 日，12 只工业股平均指数的最低点为28½点。这是一个极限低点，因此基于这个最低点的百分比数据表就很重要。

1896 年 8 月 8 日，最低点为 28.50（点）		1921 年 8 月 24 日，最低点为 64（点）	
50%	42.75	25%	80
100%	57.00	50%	96
200%	85.50	62½%	104
300%	114.00	75%	112
400%	142.50	100%	128
450%	156.75	125%	144
500%	171.00	137½%	152
550%	185.25	150%	160
575%	192.38	162½%	168
600%	199.50	175%	176
700%	228.00	187½%	184
800%	256.50	200%	192
900%	285.00	212½%	200
1000%	313.50	225%	208
1100%	342.00	237½%	216
1200%	370.50	250%	224
1250%	384.75	275%	240
		300%	256
		400%	320
		500%	384

1932 年 7 月 8 日，30 种工业股平均指数的最低点为 40.56。这些百分比数据如下：

1932年7月8日，最低点40.56（点）	
25%	50.7
50%	60.84
75%	70.98
100%	81.12
150%	101.40
175%	111.54
200%	121.68
225%	131.82
250%	141.96
275%	152.10
300%	162.24
325%	172.38
350%	182.52
375%	192.66
400%	202.8
425%	212.94
1933年7月18日，最低点84.45（点）	
100%	168.90
1933年10月21日，最低点82.20（点）	
100%	164.4
1934年7月26日，最低点84.58（点）	
100%	169.16
1938年3月31日，最低点97½（点）	
100%	195.00

1942年4月28日，最低点92.69（点）	
12½%	104.27
25%	115.86
37½%	127.44
50.00%	139.03
62½%	150.62
75.00%	162.20
100%	185.38
112½%	196.96
125.00%	208.45

高价百分比

1919年11月3日，最高点119.62（点）	
100%	239.24
200%	358.86
325%	508.38
1929年11月3日，最高点386.10（点）	
50%	193.05
75%	96.52
87½%	48.32
1930年4月16日，最高点296.35（点）	
50%	148.17
75%	74.08
87½%	37.04
1933年7月18日最高点是110.53	
25%	82.90

1937年3月8日，最高点195.50点

下跌50%对应97.75点

1943年7月15日，最高点146.50点

下跌50%为73.25点

上涨25%对应183.27点

上涨50%对应219.75点

1946年5月29日，上一个极最高点213.36点

下跌25%对应160.02点

其他该点数阻力位的百分比也可以这样计算出来。

股价低于50%位时卖出

当一只股票跌破极限高点与极限低点之间的一半或50%位的时刻是非常重要的。如果它在该位置没有获得支撑并立稳，就说明该股正处于一种非常弱势的形态，预示着该股将跌至极限高点与极限低点的75%位，甚至更低的位置。

最高价的50%位甚至更加重要，当一只股票跌破这个水平就会处于非常弱势的形态。因为该股只有在此位置能获得支撑并反弹，才能在从最高价下跌了50%的情况下企稳。一只股票跌破这个位置后先不要买进，根据所有规则去观察，直到你看出其获得支撑的迹象后再出手。

市场行为验证这些规则

在我们已经计算出极限低点与极限高点的百分比后，接下来重要的是计算出极限低点与极限高点之间的半路点或50%位。

举例说明：

从1896年最低价28.50到1919年最高点119.62，半路点在74.06。从1896年最低点28.50到1929年的极限高点386.10之间的半路点为207.28。1921年最低点64到最高点386的半路点或50%位为225。1930年最高点296.25到最低点64的半路点或50%位为180.12；最高点296.25至最低点28.50的半路点或50%位是162.37。1937年的最高点195.50到最低点28.50的半路点或50%位是112。1937年的最高点195.50至1938年的最低点97.50的半路点或50%位是146.50。1932年的最低点40.56至1946年的最高点213.36的半路点是或50%位126.96。1942年的最低点92.69至1946年的最高点213.36的半路点或50%位是153.02。

当所有这些阻力位数据都计算出来后，我们进一步要证明这些阻力位数据能对预测顶部起到作用。早在1919年，道琼斯30种工业股平均指数的极限高点为119.2点。1921年之后开始从64点向上移动，我们发现64点的87½%位是120.00点，这正是以前的顶部，该阻力位是非常重要的。

当该股穿越极限高点，我们查一下基于64点的百分比数据表尝试找出预示着顶部的阻力位。我们发现64点的500%位是384点。1929年9月3日，平均指数的最高点是386.10点。查一查最低点28.50的百分比数据表，可知28.50点的1250%位是384.75点。下一步，计算出上一个最高点119.2点的重要百分比，我们发现119.62点的225%位是388.50点。结果显示出了三个阻力位，分别是384.00点、384.75点和388.50点。平均指数到达极限高点为386.10点，但是最高的收盘点数为381.10点。3日图和9点摆动图都表明市场在这些重要的阻力位形成了顶部。

当到达了极限高点以后，下一个目标就是计算出重要的阻力位的点数以及应该在哪个位置买进。规则3指出最高价的50%位是最重要的。386.10点的50%位193.00点就是一个支撑和买进的位置。历史上最快的下跌是从1929年9月最高点跌至了11月13日的最低点195.35点，市场在这个重要支撑位上的2½点止跌企稳使这里成为了一个买进位置。由于市场下跌没有触及50%位，因此显得很强劲。我们接下来使用同样的规则，在最低点195.35点的基础上加上50%，也就给出了293.02点作为可能的反弹点和卖出点。

1930年4月16日，最高点为297.25点，比重要的阻力位略微高出了3个点，但并没有超过5个点，根据规则2明确判定趋势的改变需要高出阻力位5个点；或是低于老底、阻力位5个点。

根据3日图和9点摆动图可知，在这个顶部形成并且主要趋势掉头向下后，我们接下来要计算最低点195.35和最高点297.25之间的50%位或半路点，计算结果为246.30。当这个点数被跌破就说明市场将会大幅走低，并且你将发现上一次反弹在1930年9月10日到达了最高点247.21点，该点刚刚好在计算出的重要的50%位之上。之后，当平均指数跌破最低点195.35点，并且击穿193点，即跌破了386.10点的50%位，市场就处于非常弱势的形态，说明后市将会大幅走低。随后市场持续下跌，偶尔有些正常的反弹，直到1932年7月8日，市场到达极限低点40.56点。如果将386.10点去掉87½%，得到结果为48.26点。我们查看一下极限低点28.50的百分比数据表，28.50点增加50%可以得到42.75点作为一个阻力位。如果我们从1921年的最低点64点去掉37½%，可得40.00点作为一个支撑位。回到1897年4月8日，最高点为40.37点，在3日图中可以看出，该点在1897年6月4日被突破之后，主要趋势掉头向上，平均指数再也没有回到这个位置，直到1932年7月8日到达40.56点的底部。

我们根据极限低点40.56点来计算第一个阻力位会出现在哪里。给这个最低点加上100%结果得到81.12点。

1932年9月8日，平均指数反弹到了81.50点，刚刚好在这个重要的100%位①。

1933年2月27日，最低点为49.68点。这是一个次级下跌形成的低点。你将请注意，在40.56点的百分比数据表中显示40.56点增加25%为50.70点，这是一个非常重要的支撑位，平均指数的底部刚好就比50.70点低一个点，再次恢复了上涨趋势。

1933年7月18日，最高点为110.53点。为什么平均指数会在这里形成顶部？40.56点增加175%，给出111.54点这个重要的阻力位。最低点64点增加75%，给出了112.00点这个重要的阻力位。因此，这里是一个重要的阻力位置和卖出点，而此时成交量和时间周期都预示出市场将见顶回落，因为距离1932年7月的最低点已经时隔1年了。

我们接下来将这些相同的规则应用于110.53这个最高点。从该最高点减去25%得到82.90点，这既是一个支撑位又是一个买进点。市场出现历史上最快的一次下跌，3天内在7月21日到达最低点84.45点，刚好在82.90点之上获得了支撑。接踵而至的是一次止跌反弹，如果你在这个位置买进，就可以在平均指数反弹回到107.00点的时候卖出了②。

1933年10月21日，上一个极限低点是82.20点，比支撑位82.90低了不到1个点。这个极限低点是到1949年6月30日本书出版前，平均指数最后一次回到这个最低点。计算82.20点增加100%位很重要，这给出了164.40点是一个重要的阻力位。

1934年7月26日，最低点为84.58点。这是市场第三次到达此点附近，表明一轮大型牛市即将来临，因为平均指数在比最低点40.56点高100%的位置站稳了。大型牛市如期而至，股价持续攀升，直到平均指数穿越了1933年7月的最高点110.53点。在市场穿越了这个高位后，我们

---

① 译注：原文是50%，根据上下文，40.56点加上100%的数值更合理。

② 译注：这个是规则2的双顶卖出法则，比前顶低3个点左右。

要计算出平均指数将走到什么位置？我们知道386.10点的50%位是193.05点；1929年11月份的底部为195.35点；1931年2月24日到达了顶部196.96点；因此，合理的阻力位和卖出点将是在193～195点之间。

1937年3月8日，最高点为195.50点，正好位于前一个顶部与底部之间的50%位，这是很重要的，3日图和9点摆动图也确认了这就是最终的最高点。我们希望能计算出接下来下跌的合理位置。我们利用相同的规则，将195.50点去掉50%，得到97.75点，作为一个支持位和买进点。

1938年3月31日，平均指数到达了最低点97.75点，新一轮牛市开始了。

1938年11月10日，最高点为158.75点，这是上一个最低点上涨了62½%。主要趋势从这里掉头向下，平均指数突破了重要的50%位并持续下跌，在重要的摆动中形成了更低的顶部和更低的底部，最终回跌到了110点下方，并跌破了97.50点。

1942年4月28日，最低点为92.69点。这比1938年的最低点还要低5个点，从3日图和9点摆动图中可以确认，这是一个买进点，因为这里是一个三重底。对于一轮大型牛市而言，这正是买进股票的合适位置。用92.69点我们算出这个最低点的百分比数据，增加50%是139.00点。而上涨12½%为104.27点，这正是第一个重要的阻力位。

1942年8月7日，上一个极限低点为104.58点，正好在重要的支撑位104.27点之上一点，213.33～104.27点之间的50%位是158.80点。

接下来，我们要计算出平均指数向下回调重要阻力位。92.69～195.50点之间的50%位为144.09点。在1937年的最高点195.50和1938年的最低点97.50之间的50%位为146.50点。

1943年7月15日，最高点为146.50点，这个顶部刚刚好就落在这些重要阻力位上。时间周期运行到7月也表明顶部即将出现，并且会展开一轮回调，如同1933年7月那次一样。平均指数的回跌幅度不是很大，显示主要趋势并没有因此掉头向下。请注意，92.69点增加37½%是127.44点，这个位置从未被跌破。1943年11月30日最后一个最低点为128.94点，随后平均指数重拾升势，并突破了之前的顶部及重要的阻力位146.50点，这些都能表明下一个顶部位将是1938年11月10日到达的158.75点。如果平均指数穿越了该阻力位，再次指向了最重要的50%位在193～195

点之间。

1945 年 8 月，第二次世界大战结束后，平均指数在 7 月 27 日出现了最后一个最低点 159.95 点；该点穿越了老顶，表明平均指数将继续大幅走高。市场继续上涨，平均指数最终穿越了 195.50 点，表明其将继续大幅走高。第一个重要的百分比阻力位是 207.50 点，该点是 28.50～386.10 点之间的 50％位。1946 年 2 月 4 日，平均指数在此见顶，随后出现的一次快速回调于 2 月 26 日到达 184.04 点，接下来穿越了 208.00 点。下一个重要的阻力位是极限高点 386.10 点和极限低点 40.56 点之间的 50％位——213.33 点。1946 年 5 月 29 日，平均指数恰好在这个重要的 50％位形成了最高点 213.36 点。请注意，40.56 点的 425％位也是 212.94 点，这使得该位置成为加倍重要的阻力位。

从最高点 213.36 点减去 25％可以得到第一个阻力位和买进点 160.03 点。

1946 年 10 月 30 日，极限低点为 160.49 点，1947 年 5 月 19 日，最低点为 161.32 点，1949 年 6 月 14 日，最低点为 160.62 点。市场三次都在这个重要的支撑位形成了底部，同时都停在了 1945 年 7 月 27 日最后的最低点 159.95 点上方。

从这些强力支撑位开始，平均指数于 1948 年 2 月 11 日形成了更高的底部，并于 1948 年 6 月 14 日上涨到了 194.49 点，这就回到了老的 50％位卖点。这里老的顶部与底部已经出现了多次，因此这里成为了一个卖出点，这也得到了 3 日图和 9 点摆动图的确认。

道琼斯 30 种工业股平均指数的当前位置

平均指数在 213.46 点之下 25％处[①]第三次获得支撑，而上一个老底是 1945 年 7 月 27 日的 159.95 点。如果平均指数跌破这些位置并在更低的点数才止跌，就表明有可能会跌至 152.00 点，也就是 40.56 点上涨到 275％位的点数。下一个阻力位是 146.50 点，该位置也是老顶和重要的 50％位。

1942 年的最低点为 92.69 点，1946 年的最高点 213.36 点，这两点之间的 50％位是 153.02 点。

---

① 译注：计算数值为 160.10 点。

1949 年 7 月 19 日，从我写这本书到此时，平均指数已经突破了 175 点，并指向177½点的阻力位，这是 160.49～194.49 点的 50％位。因此，从177½点左右开始，平均指数可能会出现一轮温和的回调，而且如果平均指数穿越182½点，即 1949 年 1 月 7 日的最高点，市场就会大幅上涨。

当平均指数到达重要的阻力位，或是上涨到先前的老顶，抑或是下跌到先前的老底，你就应当研究你所交易的个股的强弱形态了，并将所有给出的规则都应用在这些交易的个股上。

让市场自我表白

当你开始研究股票市场的时候不能带有任何成见，也不要凭着**希望**或是**恐惧买进与卖出**。要掌握这三种最重要的影响因素：**时间、价格和成交量**。学习我的交易规则并付诸实践。当规则表明市场**趋势**正在酝酿变化时，你应该做好快速转变的准备。让市场本身的运动告诉你最真实的情况，必须根据基于各项交易规则所得出的确切标志进行交易，这样你就能获利。

第五章　短期价格回调持续的时间周期

你经常会听人说市场需要一次修正。市场已经上涨得太快或是下跌得太快。当这种情况出现在上涨的市场时，空头仓位早已回补，市场处于超买状态，市场的技术形态于弱势。因此，一轮价格修正势在必行。这很可能是一次很短的时间周期内的陡直而快速的下跌。股价的急速下跌的事实引发了人们的恐慌，他们失去了希望，认为市场还会跌到更低得多的位置。事实上，市场在**短时间周期内的急促下跌**已经使弱势的技术形态变成了强势的技术形态。

同样的情况也会在出现在持续下跌的市场中，多头早已经套现，市场弥漫着空头的氛围，这导致市场处于一种弱势的技术形态。接下来，在短时间周期内的空头回补导致市场出现了一次陡直上涨。这将导致买方过于自信，正好买在顶部，并且认为上涨运动还会继续。但这次反弹已经使市场的技术形态变弱，空方市场也已经得到了修正。随后，主要趋势便继续向下。

为了防止对市场趋势判断失误或是犯下什么错误，你必须永远应用所有的规则。记住：当你确实犯了错，或是察觉到自己错了时，纠正错误的方法就是立即离场，或者最好是在你进行交易的时候就设置好**止损单**以保证你的本金安全。当市场上涨时，要牢记回调的最长**时间周期；**熊市中反弹的最长**时间周期**也要铭记于心。遵循这些时间周期可以帮助你判断出市场的趋势。这就是我为什么要回顾这些市场运动，并指出那些导致陡直而快速的反弹或者陡直而快速的下跌的时间周期，以及导致市场运动终止的时间周期。对于前面概括的特点，我们不要忘记市场的主要趋势仍然在持续中。这里涉及到的所有数据都是道琼斯30种工业股平均指数。

1914年7月30日，战争爆发和沉重的卖压导致纽约证券交易所闭市。直到1914年12月14日交易所才恢复了交易，当时大量的股票套现把平均指数拉到了多年的最低点。

1914年12月24日，最低点为53.17点。从这个最低点开始，股市持续上涨，因为我们正处于战争时期，上市公司由于获得大量的订单而盈利大增。这轮牛市在1918年11月11日世界大战结束之后，仍然持续了大约1年的时间。

1919年11月3日，道琼斯30种工业股平均指数到达了最高点119.62点，形成了当时的历史新高，指数从53.17点上涨了66.45个点。因此，股市于1919年11月3日，在持续上涨了5年后出现了一轮陡直而快速的下跌，这时你就应当意识到这次下跌很可能就是市场到达了**最终的顶部，主要趋势**开始掉头向下的**信号**。随后趋势向下，间或有几次正常的反弹，直到1921年8月24日到达最低点63.90点，这次下跌持续了将近22个月。从1921年的这个最低点开始，主要趋势持续向上，直到1923年3月20日到达了最高点105.50点，历时19个月。从这个最高点开始，市场出现了一次向下的摆动，直到1923年10月27日到达了最低点85.50点，7个月内指数下跌了20个点。这是一次正常、自然的下跌。在9点摆动图上经常能看到20、30、40等点数的上涨或下跌运动。正常运行的市场中，20点属于正常运动。因此，这是所有的图表中，尤其是3日图，要关注趋势发生变化的要点。留意第一次陡直而快速的修正性下跌，这表明趋势还会继续向上。

1924年2月6日，最高点为101.50点。市场从上一个最低点上涨了16个点，平均指数并没有穿越1923年3月20日的顶部。这就是市场会继续走高的信号。

5月14日，最低点为88.75点。这比1923年10月27日的最低点高出了3个多点，这表明市场获得了更好的支撑并将继续走高。这次下跌历时69天。根据规则8的**时间周期**，市场运动通常会运行60～72天。

1925年3月6日，最高点为123.50点，超过1919年最高点大约4个点。我们的规则表明，新的最高点一定要多出 5 个点或者 5 个点以上，才是市场将继续上涨的确切标志。然而，这只是市场继续走高的第一个标志。但是修正性的回调是必然的，因为市场从上一个极限低点 85.50 点开始就一直不停地上涨。

1925 年 3 月 30 日，最低点为 115.00 点，下跌了8½个点而不是 10 个点，因此这是一次正常的回调，表明市场仍然很强势。另外，平均指数并没有跌破 1919 年最高点 119.62 点下方 5 个点，这是市场还会继续攀升的另一个标志。此次回调仅仅持续了 24 天，也是牛市中的小幅度回调。

1926 年 2 月 11 日，最高点为 162.50 点，从上一个最低点 115.00 点上涨了 47.50 点，时间周期为 335 天，回调的时间到了。

1926 年 3 月 30 日的最低点为 135.25 点，平均指数下跌了 37.25 个点，历时 17 天。这是一次快速的下跌，向下运动的速度远远高于每个日历日 1 个点的水平。对于牛市而言，此次回调是适度的，显示主要趋势会继续向上。

1927 年 10 月 3 日，最高点为 199.78 点，186 天之内攀升了 60.25 点。根据规则 3 可知，在 100 点、200 点、300 点以及所有的整百点数上，总会出现公众抛售股票和某些阻力。平均指数刚好接近 200 点的事实表明应该出现一次回调，而它的确很快就发生了。

1927 年 10 月 22 日，最低点为 179.78 点，19 天之内下跌了 20 个点。这是一次修正，随后上涨便接踵而至。此后，指数穿越了 200 点，进入了新的高价区间，这是平均指数将创造出新高的迹象。

1928 年 11 月 28 日，最高点为 299.35 点，403 天之内上涨了 119.50 个点，刚好位于 300 点的阻力位和卖出点之下。此处将会出现一次修正性回调，尤其是从上一个底部已经上涨了 1 年多了。

1928 年 12 月 10 日，最低点为 254.50 点，12 天之内下跌了 44 个点。这是自 1921 年 8 月的大型牛市开始以来最陡直的一次修正性回调。事实上，平均指数并没有在这次陡直而快速的下跌后继续走低，而是开始形成更高的底部。这是回调结束与市场将会继续走高的标志。

1929 年 3 月 1 日，最高点为 324.50 点，81 天之内上涨了 70 个点。该价位接近 325 点，一个人们通常会抛出股票的整数位，再一次的修正性回调势在必行。

1929年3月26日，最低点为281点，25天之内下跌了43½个点。请注意，这次下跌几乎与1928年11月28日到1928年12月10日出现的那次下跌相同。市场在下跌了相同的幅度之后获得了支撑并重新开始上涨。

1929年5月6日，最高点为331点，41天之内上涨了50个点，市场现在已经形成了新高，表明回调后市场还将继续走高。

5月31日，最低点为291点，股指在25天之内下跌了41个点，与上一次回调的时间周期相同，但形成了比前一个底部高10个点的新的底部，表明市场得到了良好的支撑，主要趋势向上并将继续上涨。

1929年9月3日，最高点为386.10点，95天之内上涨了95个点（我们有一条规则是：快速上涨的市场每个日历日都会有1个点左右的升幅）。这证实了这个点数是这轮巨大型牛市最终的最高点。在这轮牛市当中，公众的买进量是有史以来最大的，成交量也是有史以来最大的，市场在此基础之上不断上涨。事实上，买方遍布全世界，市场出现了严重的超买现象。由于市场从1921年8月到1929年9月持续上涨了8年多，平均指数也从64点涨到了386.10点，因此这仅仅是一种非常正常的现象。此时应该留心结束的**信号**了。结束的信号确实出现了，而且出现得太突然，太出乎意料！我们研究一下当时的3日图就能发现图中什么地方给出了第一个**信号**。人们已经买进大量的股票，并且空头早已回补，当大家都开始抛售的时候，市场上根本就没有买方，因此一轮毫无抵抗的崩跌出现了。

1929年11月13日，最低点为195.50点，平均指数在71天之内下跌了190.60个点，这是有史以来时间周期最短、幅度最大的一次下跌。这是市场对超买的短时间周期的纠正性回调，接下来通常都会发生在第一次陡直下跌后的自然反弹。**次级反弹**总是会发生在持久上涨和陡直下跌之后。在熊市中，在陡直下跌后会出现第一个陡直反弹，随后是一次**次级下跌**，从而形成最后的底部，主要趋势掉头向上。

1929年12月9日，最高点为267点，27天之内上涨了71½个点。这次的陡直上涨是在超卖的情况下由空头回补引起的，因此随后势必要出现一次自然的快速回调。

1929年12月20日，最低点为227点，平均指数在11天之内下跌了40个点。这次下跌太快了，必然出现反弹。

1930年4月16日，最高点为297¼点，平均指数从11月13日的最低点上涨了 102 个点，历时 154 天。这次反弹是大型熊市中的**次级反弹**，它总会在这类上涨后出现。要注意第一次陡直下跌的信号，该信号的出现说明反弹已结束，因而可以放空。查看一下 3 日图你就会明白市场是如何发出反弹结束的信号，表明上涨已经结束，以及平均指数是如何一路下跌，间或出现小幅反弹，直到 1930 年 10 月 22 日到达了最低点 181.50 点，188 天之内一共下跌了116½个点。平均指数跌破 1929 年 11 月 13 日的最低点，这个事实表明熊市仍会持续。市场在这个阶段，除了超卖时出现陡直而快速的反弹外再无其他现象。

1930 年 10 月 28 日，最高点为 198.50 点，6 天以内上涨了 17 个点。我们的一条规则是：正常的反弹将运行 20 个点左右。平均指数没能在 6 天[①]之内涨到 20 个点就意味着市场仍处于弱势形态，而且还会继续走低，而它的确走低了。

1930 年 11 月 10 日，最低点为 168.50 点，13 天之内下跌了 30 个点。这是一次非常迅速的下跌，因为价格走低的同时套现也在增加。然而，所有的陡直下跌之后都必然会出现短时间周期的快速反弹。

1930 年 11 月 25 日，最高点为 191.50 点，15 天之内上涨了 33 个点。这是一次陡直而快速的反弹，平均指数上涨太快了。反弹没有到达 1929 年 11 月 13 日的最低点 195.50 点，这一事实表明市场处于弱势并且还将继续走低。同时，反弹也低于 1930 年 10 月 28 日的最高点 198.50 点，表明主要趋势仍然向下，这仅仅是熊市中的一次短暂反弹而已。

长期下跌后的股票套现和熊市中的陡直反弹

1930 年 12 月 2 日，最高点为 187.50 点。市场从这个较低的顶部开始下跌。由于公众满怀希望地持股不动，等待最终根本没有出现的牛市到来，市场出现了最后一波惨烈的套现情形。

12 月 17 日，最低点为 154.50 点，15 天之内下跌了 33 个点。此次下跌几乎是每个日历日下跌 2 个点，比正常的下跌速度快多了。因此，老的

① 译注：原文是 16 天。

支撑位附近以及150点以上的位置，成为了一个自然的反弹支撑位。

1931年2月24日，最高点为196.75点。请注意，这个点接近1929年11月13日的老底，同时还在1930年10月28日的最高点下方。因此这里就成为了一个自然的阻力位和卖出点。基于我们的一条规则，顶部会变成底部，底部会变成顶部。当市场重新到达这些先前的位置时，就可以进行买进或是卖出。从12月17日以来历时69天，这与1929年9月3日至11月13日之间的71天类似，再次验证了规则8阐述的67～72天的时间周期。在1931年2月24日的顶部，尽管平均指数上涨了42¼个点，但是低于1930年12月17日的点数。熊市中的这次陡直而快速的反弹很快就结束了。查看和研究3日图，回顾从1929年以来，市场一路下滑中的所有起始点和主要顶部，你就会发现平均指数再次走低的信号是如何显现出来的。每个顶部都是一个比一个低，而底部也不断形成新低。因此，市场的主要趋势仍然是向下的。

1931年6月2日，最低点为119.60点，跌回了1919年的最高点。在98天的时间之内，平均指数从1931年2月24日的最高点下跌了77¼个点。根据规则，老底变成顶部，老顶变成底部，一次反弹总是会出现的。因此，我们可以期待这个位置会出现一次反弹。

1931年6月27日，最高点为157.50点，平均指数上涨了37.90个点，历时25天。这个位置刚好在1930年12月17日的底部之上，仅仅高出了3个点，并没有高出规则中提到的5个点。因此，这很可能是一个卖出点，特别是这次反弹的时间也很短。

1931年10月5日，最低点为85½点，100天之内下跌了72个点，几乎与前一次运动的时间周期相同。

1931年11月9日，最高点为119.50点。回顾1931年6月2日的最低点以及1919年的老顶，使得此处形成了一个卖出点。这次反弹的时间有35天，上涨了34个点。规则12提到，每一次快速的上涨大约是每个日历日运行1个点。因此，此次反弹你仍然应该再一次做空。观察3日图，你可以得到趋势正在再一次掉头向下的信号。

1932年2月10日，最低点为70点。这次快速下跌历时了92天，平均指数下跌了49½个点。

1932年2月19日，最高点为89½点，9天时间内就上升了19½个点，高出了 1931 年 10 月 5 日的最低点 4 个点，因此这个位置是一个卖出点。市场遇到了阻力，运动变得缓慢了。3 日图上显示出市场已经见顶，还会有一次下跌。

大型熊市中最后的套现

1932 年 3 月 9 日，最高点为89½点，与 2 月 19 日的点数相同，时间距离前一个最高点 18 天。由于第二次在相同的最高点遭遇阻力，因此意味着更低的平均指数。除非平均指数能在这个点数之上收盘，然而“除非”并未发生。

1932 年 7 月 8 日，最低点为 40.56 点，121 天之内下跌了 49 个点。在 1932 年 3 月 9 日至 7 月 8 日期间，最大的反弹为7½个点和 8 个点，并没有达到 10 个点的幅度。根据我们的规则，这仅仅是最小的正常的反弹。这些反弹中，没有一次反弹的持续时间超过了 1、3、4、7 天①。上一个持续时间超过了 7 天的反弹运动是从 6 月 9 日的最低点44½点反弹到了 6 月 16 日的最高点51½点，7 天之内仅仅上涨了 7 个点。

7 月 8 日最低点之后的第一次反弹持续了 8 天时间，平均指数上涨了 5 个点。然后是 3 天内 2 个点的回调。紧接着，市场迎来了一次快速反弹上扬，期间伴有 3～5 天的小幅回调。这次反弹直到 1932 年 9 月 8 日到达了最高点81½点才停止，上涨了 41 个点，历时 62 天。按百分比来看，这是一次平均指数上涨了 100％的反弹运动。根据规则 8 所述，这类**次级下跌**或上涨至少持续 60～67 天。

从 1930 年 4 月 16 日的最高点起，最长的反弹时间是 69 天。大部分反弹的时间通常是 25、35 或 45 天。在熊市中这样的反弹时间算是最长了。

从 1929 年 11 月 13 日至 1930 年 4 月 16 日，历时 154 天，平均指数上涨了 101.25 个点。

1932 年 9 月 8 日，最高点为81½点。接踵而至的是一轮陡直的回调。10 月 10 日的最低点57½点，32 天之内下跌了 24 个点。这是一次修正性回调，市场紧接着又开始了一次温和的反弹。

① 译注：原文是 1、3、4、4 以及 7 天。

9月8日最高点之后的次级下跌

1933年2月27日，最低点为49.50点，平均指数下跌了32个点，历时172天。这可以与1930年4月16日那次历时154天的次级时间周期类比。这轮**次级下调**后，罗斯福总统第一次就任总统，并关闭了所有的银行。当各家银行重新营业后，一切都在飞涨。随后，美国因为通货膨胀而放弃了金本位制。持续上涨的股价以及巨大的成交量表明了趋势向上以及大型的牛市。这些次级下跌修正了市场的技术形态。与从主要趋势刚刚掉头向上时的底部开始的第一轮上涨相比，在这些下跌之后出现的上涨几乎总是更加快速，幅度也更大。

1933年7月18日，最高点为110.50点，平均指数从2月27日的最低点上升了61个点，历时144天。本轮上涨过程中成交量极度增加，市场因此超买。就在此时，E·A·克劳福德博士破产了。他曾经是谷物及其他商品期货最大的投资者之一，也是股市的超级多头。在E·A·克劳福德博士破产后，商品期货市场的疯狂抛压引发了股市的全面套现，造成了自1929年以来3天之内的最惨烈的下跌。这是一次短时间周期内的陡直修正性回调。

7月21日，最低点为84.45点，3天之内下跌了26.08个点。然而，平均指数仍然在1932年9月8日的最高点之上，这意味着因沉重套现导致的暴跌获得了良好的支撑，因此是随后一轮反弹行情的买进点。

次级反弹

在股市见顶并出现了首次陡直下跌之后，通常会出现一轮**次级反弹**将股价拉回极限高点附近。如果这次反弹到达的高度比第一个极限顶部的位置要低得多，就意味着市场将更加疲软。

1933年9月18日，最高点为107.68点，62天之内上涨了23.23个点，比7月18日的最高点低了3个点。3日图显示出趋势要逆转向下。

1933年10月9日，最高点为100½点。10月21日的最低点为82.20点，12天之内下跌了18¼个点。这是一次短时间周期内的陡直而快速的下跌，并且下跌的幅度不足20个点，表明获得了良好支撑。这是1933～1949年以来平均指数的最低点。事实上，这是另一轮牛市向上摆动的开始。从 1933 年 7 月 18 日的最高点到 10 月 21 日的最低点之间的时间周期为 95 天。规则 8 告诉我们，通常上涨或下跌都要运行 90～98 天。

陡直的修正性下跌

1934 年 4 月 20 日的最高点为 107.50 点，低于 1933 年和 1934 年的顶部。

1934 年 5 月 14 日，最低点为 89.50 点，24 天之内下跌了 18 个点。市场再一次的下跌与 1933 年 10 月 21 日的下跌相似，跌幅不足 20 个点，这一事实表明市场正在获得支撑并将继续走高。

最终的最低点

1934 年 7 月 11 日，最高点为99½点。

1934 年 7 月 26 日，最低点为84½点，15 天之内下跌了 15 个点。规则 12 提到，一次陡直的下跌通常是每天运动 1 个点。此时平均股价在每股 100.00 美元之下，因此这是正常市场中的一次正常的下跌。从 1933 年 7 月 8 日的最高点开始，市场已经下跌 1 年多了，因此该是趋势变化的时间了。通过研究 3 日图，你能看出 3 日图是如何表明市场已经筑底结束，在穿越了图中的那些顶部之后，趋势已经掉头向上。实际上，最后一个重要的顶部出现在 7 月 11 日99½点的位置；而突破 100 点常常是市场将继续走高的标志。

1934 年 7 月 26 日是另一轮大型牛市的开始，平均指数在比 1933 年 10 月 21 日的最低点高 2 个点的位置站稳，这一事实表明新一轮的上涨行情是从 1932 年开始的牛市的继续。

1935 年 2 月 18 日的最高点为108½点，刚好在高于 1934 年 4 月 20 日顶部 1 个点的位置上，该点是一个阻力位，也是一个卖出点。

1935 年 3 月 18 日的最低点为 96 点，28 天之内下跌了12½个点。这是运行了 10 多个点的正常回调，说明市场获得了支撑，紧接着会继续向上攀升。

1936 年 4 月 6 日的最高点为 163.25 点。平均指数从 1935 年 3 月 18 日的最低点起上涨了 1 年多，修正性回调的时间到了。

1936 年 4 月 30 日的最低点为 141.50 点，24 天以内下跌了21¾个点。

市场在这个位置获得了有力支撑，并且在3日图中显示出向上的趋势。平均指数仅下滑了20个点多的事实表明这是一次牛市中的正常回调。

1936年8月10日的最高点是170.50点，平均指数再次高得足以需要一次修正性回调。

8月21日的最低点为160.50点，11天之内下跌了10个点。这仅是一次正常的回调。由于主要趋势仍然向上，此时正是买进的时候。

牛市中最终的最高点

1937年3月10日的最高点为195.50点，接近1929年11月形成的最低点，而且恰好在各个老顶下方。作为市场最终的最高点，这里自然是一个阻力位和卖出点。牛市从1932年7月8日开始，56个月里上涨了155个点。牛市的前半程是从1934年7月26日至1937年3月10日，历时31个月零12天，上涨了110个点。3月10日之后市场开始下跌。基于3日图和所有的规则分析，各种迹象清晰表明市场已经形成了最终的顶部，主要趋势已经调头向下。然而，我们心里很清楚，市场到达最终的顶部之后，**次级反弹**必然会紧随其后。

熊市中的次级反弹

1937年6月14日的最低点为163.75点，下跌了32¾个点。从3月10日起持续了96天。根据规则8，这是正常的时间周期，该是出现**次级反弹**的时间了。

1937年8月14日的最高点为190.50点，61天之内上涨了26¾个点。60天左右是重要的时间周期之一，1932年7月8日牛市结束后的**次级反弹**也是同样的周期。平均指数比3月10日的最高点低了5个点，这是市场处于弱势的标志。主要趋势很快就掉头向下了。

1937年10月19日的最低点为115.50点，从3月10日的最高点下跌了80点，从8月4日的最高点下跌了75个点，而且还击穿了1919年的老底，但是没有超过5个点。在市场超卖的情况下，修复性的快速反弹的时间到了。

10月29日的最高点为141.50点，10天内上涨了26个点。这次上涨很快就奄奄一息了，不久之后3日图显示主要趋势将会继续向下。

熊市中最后的套现

始终要注意最后一次下跌和最后一次上涨，这表明了行情的结束。

1938 年 3 月 15 日的最高点为 127.50 点。

1938 年 3 月 31 日的最低点为 97.50 点，16 天之内下跌了 30 个点。平均每个日历日下跌 2 个点左右，速度过快。这轮从 1937 年 3 月 10 日开始的下跌已经运行了 1 年多，而且这轮下跌的幅度已经达到了最高点的 50%。这样的百分比对于趋势的变化始终是很重要的。

1938 年 7 月 25 日的最高点为 146.50 点。从 5 月 27 日起算，反弹历时 65 天，上涨了 40 个点，修复性回调的时间到了。

1938 年 9 月 28 日的最低点为 127.50 点，9 天内下跌了 19 个点。我们的规则提到，正常市场中的下跌或上涨通常运动 20 个点左右，因此这是一次正常的回调，这是一个为了牛市的进一步上涨而再次买进的时候。

短暂牛市的结束

1938 年 11 月 10 日的最高点为 158.75 点。从 3 月 21 日起算，历时 224 天，上涨了61¼个点，一轮陡直而快速的下跌的时间到了。

11 月 28 日的最低点为 136 点，平均指数下跌了 22¾ 个点，历时 18 天。这次回调超过了 20 个点，意味着牛市已经结束，接下来将出现进一步的下跌。

陡直下跌和彻底清洗

1939 年 3 月 27 日，最高点为 143.50 点。

1939 年 4 月 11 日的最低点为 120 点，15 天内下跌了23½个点。这是对市场超买状况的彻底清洗①，并为更大规模的反弹奠定了基础。

从 1938 年 11 月 10 日至 1939 年 4 月 11 日，历时 152 天，下跌了38¾个点，这是平均指数的正常下跌。

---

① 译注：clean—out，这里是指用剧烈的下跌促使大规模换手的发生，从而达到挤出筹码的效果。

战时运动

1939 年 9 月 1 日，最低点为127½点。就在这天，希特勒的军队入侵了波兰，第二次世界大战爆发了。人们到处购买股票，空头也开始回补。大家相信，我们即将迎来一轮牛市，如同 1914～1918 年战争期间一样。

9 月 13 日的最高点为 157.75 点，12 天内上涨了 30 个点。上涨的速度太快了，但是未能突破 1939 年 11 月 10 日的顶部 158.75 点，表明这些老顶附近出现了沉重的卖压；与此同时，市场在一个狭小的区间运行了一段时间，清晰表明市场已经到达了最终的顶部，并且正在为走低做准备。

1940 年 5 月 8 日的最高点为 149 点。从这个位置起，陡直而猛烈的下跌出现了。5 月 21 日，最低点为 110.50 点，13 天内下跌了38½个点。5 月 21 日、5 月 28 日及 6 月 10 日，平均指数在这个位置附近形成了三重底，这表明市场在此获得了良好的支撑，同时也表明希特勒的军队入侵法国并取得了巨大的成功对市场来说是一次猛烈的冲击。

随后的反弹一直持续到了 1940 年 11 月 8 日，距离 1938 年 11 月 10 日的最高点正好 2 年的时间。

1940 年 11 月 8 日的最高点为 138.50 点。在此次反弹之后，市场持续形成更低的顶部和更低的底部，直至最终底部的出现。

最终的最低点——熊市的结束

1942 年 4 月 28 日的最低点为 92.69 点。从 1938 年 3 月 31 日起算，这轮下跌历时 49 个月。1938 年 3 月 31 日的最低点为 97.50 点，1935 年 3 月 18 日的最低点为 96 点。因此，平均指数并没有跌破老底下方 5 个点，这使得这个位置成为了一个买进点。3 日图随后也确认了这一事实。

从 1942 年 4 月 28 日最低点开始直到 1943 年，上涨过程中回调的幅度很小，所用时间也很短，而且一直没有出现过 10 个点以上的回调，表明趋势向上。

1943 年 7 月 15 日的最高点为 146.50 点，平均指数进入了老的抛压区间，同时处于一系列的老底之下。回调早就应该发生。

8 月 2 日的最低点为 133.50 点。18 天内下跌了 13 个点，这是自然的修正性回调。这轮上涨从 92.69 点起到 146.50 点止，上涨了 53.81 个点。

1943 年 11 月 30 日的最低点为 128.50 点，从 7 月 15 日的最高点下跌了 18 个点，历时 138 天。这是牛市中的正常回调，主要趋势仍然向上。

1945 年 3 月 6 日的最高点为 162.50 点，穿越了 1938 年 11 月 10 日形成的最高点 158.75 点，表明市场仍然处于牛市，平均指数将继续攀升。但是，一轮陡直的修正性回调也是不可避免的。

1945 年 3 月 26 日的最低点为 151.50 点，20 天内下跌了 11 个点。请注意，1940 年 4 月 8 日最高点是 152 点，随后市场出现过一轮大幅下跌。因此，当平均指数跌到 1945 年 3 月 26 日的 151.50 点就到达了先前的老顶，因此这个位置就成为了一个支撑位和买进点。

1945 年 5 月 8 日，对德战争结束。这是对股市的利好消息，市场随即开始了上涨。

1945 年 5 月 31 日的最高点为 169.50 点，这轮上涨运动形成了新高。

7 月 27 日的最低点为 159.95 点，57 天之内下跌了 9.55 个点，回调的幅度不足 10 个点，这只是正常的回调点数，表明市场仍然是牛市。平均指数站在了 1938 年 11 月 10 日的最高点之上，表明了强劲的上涨趋势。

1945 年 8 月 14 日，对日战争结束。这是一个利好消息，一轮上涨接踵而至。

1945 年 11 月 8 日的最高点为 192.75 点，平均指数涨到了先前老的卖出点、老底和老顶之下的位置，接下来必然出现一轮自然的回调。

11 月 14 日的最低点为 182.75 点，6 天之内下跌了 10 个点，就跟先前发生的回调一样，这也是一次正常的回调，市场的主要趋势仍然向上。

1945 年 12 月 10 日的最高点为 196.50 点，涨到了先前的老顶和老底位置，必然会出现回调。

12 月 20 日的最低点为 187.50 点，10 天内跌了 9 个点，这是一次正常的回调。请注意，这个点数在 1937 年的最高点上方，意味着市场还将继续攀升，尤其是时间距离了 7 年多。

1946 年 2 月 4 日的最高点为 207.49 点。此时的市场配合巨大的成交量已经上涨了几个月，这就意味着一轮陡直的修复性回调就要来临了。

2 月 26 日的最低点为 184.05 点，22 天之内下跌了 23.44 个点。这是自 1942 年 8 月 28 日以来最陡直的回调，这是牛市接近尾声的第一次警告。

一轮上升接踵而至，4 月 10 日的最高点 208.93 点，处于 2 月 4 日的最高点上方，说明平均指数还将继续走高。然而，这里形成了一个临时的双顶，因此回调紧接着就出现了。

5 月 6 日的最低点为 199.26 点，26 天之内下跌了 9.67 个点，这是一次正常的回调，平均指数站在了 200 点上方，表明市场在此获得了良好的支撑，接下来将进一步上涨。

最终的顶部——牛市的结束

1946 年 5 月 29 日，最高点为 213.36 点。这是始于 1942 年 4 月 28 日的牛市的终点。这轮牛市恰好持续了 49 个月，与 1938 年的底部到 1942 年的底部之间的时间周期相同。平均指数上涨了120¾个点，仅仅超过 2 月 4 日的最高点 6 个点，这表明 2 月里的第一个突破信号是正确的，它警示了牛市正在接近尾声。在 5 月 29 日的最高点之后，3 日图也很快就证实了主要趋势已经掉头向下。

6 月 21 日的最低点为 198.50 点，23 天内下跌了13¾个点。这是表明牛市已结束的**第一个信号**，但是马上就会发生一轮**次级反弹**。

7 月 1 日，最高点为 208.50 点，平均指数上涨到了与 2 月份的最高点大约同一水平的位置。10 天内上涨了 10 个点，这是熊市中的正常反弹。

1946 年 7 月 24 日的最低点为 195.50 点，平均指数跌到了 1937 年的老顶和 1945 年 12 月的老顶。这是反弹的一个支撑位。

1946 年 8 月 14 日，到达了最后的最高点 205.25 点。一场大跌接踵而至，平均指数跌破了 2 月 26 日的最低点 184 点，表明主要趋势已经向下。还要注意，1937 年 8 月 14 日的最高点是在主要趋势向下后**次级反弹**形成的最后一个最高点。

这轮牛市从 1942 年 4 月持续到了 1946 年 5 月，是除了 1929 年的牛市之外持续时间最长的。因此，一轮短时间周期的陡直的修正性回调必然发生。

1946 年 10 月 30 日的最低点为 160.49 点，从 5 月 29 日的最高点下跌了 53 个点，历时 154 天。请注意，1945 年 7 月 27 日最低点为 159.95 点，因此这是一个支撑位和买进点。从 5 月份的最高点到 10 月份的最低点，历时 154 天的下跌运动是最高点 213.36 点的 25%，这是对市场超买的一次修正。在此之前，市场只出现了一些正常的回调。

从 1946 年 10 月 30 日的最低点，市场又迎来了一次反弹。

1947 年 2 月 10 日的最高点为 184.50 点，103 天内上涨了 24 个点，这一最高点处在 1946 年 2 月的底部下方，时间周期为 1 年，这对趋势的变化很重要，而且 2 月 5～10 日这段时间往往是趋势变化的重要日期。

次级下跌

1947 年 5 月 5 日的最高点为 175.50 点；5 月 19 日的最低点为 161.50 点。14 天之内下跌了 14 个点，这完全符合我们的规则：在正常的市场中，平均每个日历日下跌 1 个点左右。这个底部比 1946 年 10 月 30 的底部要高一些，因此成为了一个双底和买进点，这在 3 日图中也得到了证实。

1947 年 7 月 25 日的最高点为 187.50 点，67 天之内上涨了 26 个点。60～72 天是正常反弹运行的时间周期之一，紧接着肯定会出现一次回调。

1947 年 9 月 9 日和 9 月 26 日的最低点为 174.50 点，46 天之内下跌了 13 个点。一轮反弹紧随其后。

10 月 20 日的最高点为 186.50 点[①]，24 天之内上涨了 12 个点，略低于 7 月的顶部，这是一个绝好的卖出点，趋势会继续向下。

1948 年 2 月 11 日的最低点为 164.04 点，从 1947 年 7 月下跌了 23.40 个点。这个底部高于 1946 年 10 月和 1947 年 5 月的底部，表明市场获得了支撑，因此这是一个买进点。根据 3 日图可以看出，平均指数在一个狭小的区间运行了 1 个月，随后就向上攀升。

1948 年 6 月 14 日的最高点为 194.49 点，从 2 月 11 日的位置上涨了 30.45 个点[②]，历时 126 天。期间没有一次持续 6 天以上的回调，也没有一次回调的幅度超过 4 个点，这导致市场超买，接下来会发生一次正常的回调。平均指数涨到了先前的老底和老顶，即 1937 年的最高点和 1929 年的最低点，这一事实说明这个位置形成了一个阻力位和卖出点。

1948 年 7 月 12 日，最后的最高点为 192.50 点；7 月 19 日最低点为 179.50 点，7 天之内下跌了 13 个点，这是平均指数还将继续走低的信号。

9 月 27 日的最低点为 175.50 点，跌到了老的支撑位意味着会出现一次反弹，而且 9 月份经常是趋势变化的重要月份。

---

① 译注：原书是 176.50 点。

② 译注：原书是 34 点。

10 月 26 日的最高点为 190.50 点，29 天之内上涨了 15 个点，形成了一个更低的顶部。这个顶部与 1937 年 8 月 14 日市场掉头向下时的点位相同。牢记时间周期和这些老的价位始终很重要。此时，平均指数低于 1948 年 6 月和 7 月的点位，并且与 1946 年 10 月时隔 2 年，这些对于趋势的变化都很重要。

大选后陡直而快速的下跌

11 月 1 日的最高点为 190 点，11 月 30 日的最低点为 170.50 点。29 天之内下跌了 18 个点，正好跌到了一个应该反弹的支撑位。

1949 年 1 月 7 日和 24 日的最高点为 182.50 点，38 天之内上涨了 11 个点。根据规则 8，如果平均指数在 1 月 7 日和 24 日到达了最高点，随后又跌破了 1 月初的最低点，趋势就会掉头向下。1 月 24 日之后平均指数未能穿越 1 月 7 日的最高点，这一事实表明顶部已经形成，是该卖出的时候了。

2 月 25 日的最低点为 170.50 点，仅仅低于 1948 年 11 月 30 日最低点 1 个点，这是反弹的支撑位。

3 月 30 日，179.15 点。从 2 月 25 日最低点上涨了 8.65 个点，33 天内的上涨幅度少于 9 个点。反弹幅度不足 9 个点就意味着市场处于弱势，还会继续走低。

请记住规则 8 提到的，重要的变化往往发生在 5 月 5～10 日。5 月 5 日最后的最高点为177¼点，低于 3 月 30 日的最高点，同时也低于 4 月 18 日的最高点，这意味着主要趋势仍然向下，跌势继续。

1949 年 6 月 14 日的最低点为 160.62 点，从 3 月 30 日开始，76 天之内下跌了 18.43 个点。这是平均指数第三次到达这个相同的低位附近。

1946 年 10 月 30 日的最低点为 160.49 点，1947 年 5 月 19 日的最低点为 161.38 点，1948 年 11 月 30 日的最低点为 170.50 点。从 5 月 5 日到 6 月 14 日的最后一次下跌运动恰好在 40 天的时间周期内下跌了 16.63 个点；而且平均指数第三次到达相同的低位，并且刚好与 1948 年 6 月 14 日的最高点相隔了 1 年的时间，这一事实表明这个位置是一个买进点，反弹的时间到了。

6 月 14 日的最低点之后的上涨一直持续到了撰写本书的时候。1949 年 7 月 17 日，平均指数已经涨到了 175 点上方，这是迄今为止 1949 年内从最低点开始的最大幅度的上涨。

第六章　平均指数重要摆动的时间周期

如果我们有工业股平均指数每次重要摆动所需要的时间记录，并且知道每次上涨和下跌的幅度，我们就能判断市场未来大致运行的时间周期，并能在过去重复次数最多的重要时间循环的尾声观察趋势的变化。

在点数后面的字母“A”是指上涨，字母后面是上涨的天数；在点数后面的字母“D”是指下跌，字母后面的天数是指市场从前一个最高点下跌了多少天。

1912年

10月8日 …最高点 94.25

1913年

6月11日 …最低点 72.11　D　246天

9月13日 ………… 83.50　A　94天

12月15日 ………… 72.25　D　95天

1914年

3月20日 ………… 83.50　A　95天

12月24日 ………… 53.17　D　279天

1915年

4月30日 ………… 71.78　A　127天

5月14日 ………… 60.50　D　14天

12月27日 ………… 99.50　A　199天

1916年

7月13日 ………… 86.50　A　198天

11月21日 …………110.50 ⎫
12月21日 ………… 90.50 ⎭ A　30天

1917年

1月2日 ………… 99.25　A　14天

2月2日 ………… 87.00　D　31天

6月9日 ………… 99.25　A　127天

12月19日 ………… 65.90　D　192天

1918年

10月18日 ………… 89.50　A　304天

1919年

2月8日 ………… 79.15　D　103天

7月14日 …………112.50　A　156天

8月20日 ………… 98.50　D　37天

11月3日 …………119.62 ⎫
11月29日 …………103.50 ⎭ A　26天

1920年

1月3日 …………109.50　A　35天

2月25日 ………… 89.50　D　53天

4月8日 …………105.50　A　42天

5月19日 ………… 87.50 D 41天
7月8日 ………… 94.50 A 50天
8月10日 ………… 83.50 D 33天
9月17日 ………… 89.75 A 38天
12月21日 ………… 65.90 D 96天

1921年

5月5日 ………… 80.50 A 135天
6月20日 ………… 64.75 D 46天
7月6日 ………… 69.75 A 16天
8月24日 ………… 63.90 D 49天

1922年

10月14日 …………103.50 A 52天
11月14日 ………… 93.50 D 31天

1924年

2月6日 …………101.50 A 84天
5月14日 ………… 88.75 D 98天
5月20日 …………105.50 A 98天
10月14日 ………… 99.50 D 55天

1925年

1月22日 …………123.50 A 100天
2月16日 …………117.50 D 25天
3月6日 …………125.50 A 18天
3月30日 …………115.00 D 24天
4月18日 …………122.50 A 19天
4月27日 …………119.60 D 9天
11月6日 …………159.25 A 192天
11月24日 …………148.50 D 18天

1926年

2月11日 …………162.50 A 78天
3月3日 …………144.50 D 20天
3月12日 …………153.50 A 9天
3月30日 …………135.50 D 18天
4月24日 …………144.50 A 25天
5月19日 …………137.25 D 25天
8月24日 …………162.50 A 97天
10月19日 …………145.50 D 56天
12月18日 …………161.50 A 60天

1927年

1月25日 …………152.50 D 38天
5月28日 …………172.50 A 123天
6月27日 …………165.50 D 30天
10月3日 …………195.50 A 97天

1928年

1月3日 …………203.50 A 73天
1月18日 …………191.50 D 15天
3月20日 …………214.50 A 62天
4月23日 …………207.00 D 34天
5月14日 …………220.50 A 21天
5月22日 …………211.50 D 8天
6月2日 …………220.50 A 13天
6月18日 …………202.00 D 16天
7月5日 …………214.50 A 19天
7月16日 …………205.00 D 11天
10月24日 …………260.50 A 100天
10月31日 …………249.00 D 7天
11月28日 …………298.50 A 28天
12月10日 …………254.36 D 12天

1929年

2月1日 …………325.00 A 53天
2月18日 …………293.00 D 17天
3月1日 …………325.00 A 13天
3月26日 …………281.50 D 25天
5月6日 …………331.00 A 41天
5月31日 …………291.00 D 24天
7月8日 …………350.50 A 38天
7月29日 …………337.00 D 21天
9月3日 …………386.10 A 36天
10月4日 …………321.00 D 31天
10月11日 …………358.50 A 7天
10月29日 …………210.50 D 18天
11月8日 …………245.00 A 10天
11月13日 …………195.50 D 5天
12月9日 …………267.00 A 27天
12月20日 …………227.00 D 11天

1930 年

2 月 5 日 ············274.00　A　47 天
2 月 25 日 ············259.50　D　20 天
4 月 16 日 ············297.75　A　50 天
5 月 5 日 ············249.00　D　19 天
6 月 2 日 ············275.00　A　28 天
6 月 25 日 ············207.50　D　23 天
7 月 28 日 ············243.50　A　33 天
8 月 9 日 ············234.50　D　12 天
9 月 10 日 ············247.00　A　32 天
10 月 18 日 ············183.50　D　38 天
10 月 28 日 ············198.50　A　10 天
11 月 10 日 ············168.25　D　13 天
11 月 25 日 ············191.50　A　15 天
12 月 17 日 ············154.50　D　22 天

1931 年

2 月 24 日 ············196.75　A　59 天
4 月 29 日 ············142.00　D　64 天
5 月 9 日 ············156.00　A　10 天
6 月 2 日 ············119.50　D　24 天
6 月 27 日 ············157.50　A　25 天
8 月 6 日 ············132.50　D　40 天
8 月 15 日 ············146.50　A　9 天
10 月 5 日 ············ 85.50　D　51 天
11 月 9 日 ············119.50　A　35 天

1932 年

1 月 5 日 ············ 69.50　D　57 天
1 月 14 日 ············ 87.50　A　9 天
2 月 10 日 ············ 70.00　D　27 天
2 月 19 日 ············ 89.50　A　9 天
6 月 2 日 ············ 43.50　D　103 天
6 月 16 日 ············ 51.50　A　14 天
7 月 8 日 ············ 40.60　D　22 天
9 月 8 日 ············ 81.50　A　62 天
10 月 10 日 ············ 57.50　D　32 天
11 月 12 日 ············ 68.50　A　33 天
12 月 3 日 ············ 55.50　D　21 天

1933 年

1 月 11 日 ············ 65.25　A　39 天
2 月 27 日 ············ 49.50　D　47 天
7 月 18 日 ············110.50　A　141 天
7 月 21 日 ············ 84.50　D　3 天
9 月 18 日 ············107.50　A　59 天
10 月 21 日 ············ 82.20　D　33 天

1934 年

2 月 5 日 ············111.50　A　107 天
3 月 27 日 ············ 97.50　D　50 天
4 月 20 日 ············107.00　A　24 天
5 月 14 日 ············ 89.50　D　24 天
6 月 19 日 ············101.25　A　36 天
7 月 26 日 ············ 84.50　D　37 天
8 月 25 日 ············ 96.25　A　30 天
9 月 17 日 ············ 85.75　D　23 天

1935 年

1 月 7 日 ············106.50　A　112 天
2 月 6 日 ············ 99.75　D　30 天
2 月 18 日 ············108.50　A　12 天
3 月 18 日 ············ 96.00　D　28 天
9 月 11 日 ············135.50　A　177 天
10 月 3 日 ············126.50　D　22 天
11 月 20 日 ············149.50　A　48 天
12 月 16 日 ············138.50　D　26 天

1936 年

4 月 6 日 ············163.25　A　112 天
4 月 24 日 ············141.50　D　18 天
8 月 10 日 ············170.50　A　108 天
8 月 21 日 ············160.50　D　11 天
11 月 18 日 ············186.25　A　89 天
12 月 21 日 ············175.25　D　33 天

1937 年

3 月 10 日 ············195.50　A　79 天
4 月 9 日 ············175.50　D　30 天
4 月 22 日 ············184.50　A　13 天
6 月 14 日 ············163.75　D　53 天
8 月 14 日 ············190.50　A　61 天

10月19日 …………115.50 D 67天
10月29日 …………140.50 A 10天
11月23日 …………112.50 D 25天
12月8日 …………131.25 A 15天
12月29日 …………117.50 D 21天

1938 年

1月15日 …………134.50 A 17天
2月4日 …………117.25 D 20天
2月23日 …………133.00 A 19天
3月31日 ………… 97.50 D 36天
4月18日 …………121.50 A 18天
5月27日 …………106.50 D 39天
7月25日 …………146.50 A 59天
8月12日 …………135.50 D 18天
8月24日 …………145.50 A 12天
9月28日 …………127.50 D 35天
11月10日 …………158.75 A 43天
11月28日 …………145.50 D 18天

1939 年

1月5日 …………155.50 A 38天
1月26日 …………136.25 D 21天
3月10日 …………152.50 A 43天
4月11日 …………120.25 D 31天
6月2日 …………140.50 A 52天
6月30日 …………128.75 D 28天
7月25日 …………145.50 A 25天
8月24日 …………128.50 D 30天
8月30日 …………138.25 A 6天
9月1日 …………127.50 D 2天
9月13日 …………157.50 A 12天
9月18日 …………147.50 D 5天
10月26日 …………156.00 A 38天
11月30日 …………144.50 D 35天

1940 年

1月3日 …………153.50 A 34天
1月15日 …………143.50 D 12天
3月28日 …………152.00 A 73天
5月21日 …………110.61 D 54天
5月23日 …………117.50 A 2天
5月28日 …………110.50 D 5天
6月3日 …………116.50 A 6天
6月10日 …………110.50 A 7天
7月31日 …………127.50 A 51天
8月16日 …………120.50 D 16天
9月5日 …………134.50 A 20天
9月13日 …………127.50 D 8天
9月24日 …………135.50 A 11天
10月15日 …………129.50 D 19天
11月8日 …………138.50 A 24天
12月23日 …………127.50 D 45天

1941 年

1月10日 …………134.50 A 18天
2月19日 …………117.25 D 40天
4月4日 …………125.50 A 44天
5月1日 …………114.50 D 27天
7月22日 …………131.50 A 82天
8月15日 …………124.50 D 24天
9月18日 …………130.25 A 34天
12月24日 …………105.50 D 97天

1942 年

1月6日 …………114.50 A 13天
4月28日 ………… 92.69 D 112天
6月9日 …………106.50 A 42天
6月25日 …………102.00 D 17天
7月9日 …………109.50 A 14天
8月7日 …………104.40 D 29天
11月9日 …………118.50 A 94天
11月25日 …………113.50 D 16天

1943 年

4月6日 …………137.50 A 132天
4月13日 …………129.75 D 7天
7月15日 …………146.50 A 93天
8月2日 …………133.50 D 18天
9月20日 …………142.50 A 49天
11月30日 …………128.50 D 71天

1944 年

1月11日 ············138.50　A　42天
2月7日 ············134.25　D　27天
3月16日 ············141.50　A　38天
4月25日 ············134.75　D　40天
7月10日 ············150.50　A　76天
9月7日 ············142.50　D　59天
10月6日 ············149.50　A　29天
10月27日 ············145.50　D　21天
12月16日 ············153.00　A　50天
12月27日 ············147.75　D　11天

1945 年

3月6日 ············162.25　A　69天
3月26日 ············151.50　D　20天
5月31日 ············169.50　A　66天
7月27日 ············159.95　D　57天
11月8日 ············192.75　A　104天
11月14日 ············182.75　D　6天
12月10日 ············196.50　A　26天
12月20日 ············187.50　D　10天

1946 年

2月4日 ············207.50　A　46天
2月26日 ············184.04　D　22天
4月18日 ············209.50　A　51天
5月6日 ············199.50　D　18天
5月29日 ············213.36　A　23天
6月12日 ············207.50　D　14天
6月17日 ············211.50　A　5天
6月21日 ············198.50　D　4天
7月1日 ············208.50　A　10天
7月24日 ············194.50　D　23天
8月14日 ············205.25　A　21天
9月19日 ············164.50　D　36天
9月26日 ············176.50　A　7天
10月10日 ············161.50　D　14天
10月16日 ············177.25　A　6天
10月30日 ············160.62　D　14天
11月6日 ············175.00　A　7天
11月22日 ············162.50　D　16天

1947 年

1月7日 ············179.50　A　46天
1月16日 ············170.25　D　9天
2月10日 ············184.50　A　25天
2月15日 ············172.00　D　5天
3月28日 ············179.50　A　41天
4月15日 ············165.50　D　18天
5月5日 ············175.50　A　20天
5月19日 ············161.50　D　14天
7月14日 ············187.50　A　56天
9月9日 ············174.50　D　57天
10月20日 ············186.00　A　41天
12月6日 ············175.50　D　47天

1948 年

1月5日 ············181.50　A　30天
2月11日 ············164.04　D　37天
6月14日 ············194.49　A　124天
7月19日 ············179.50　D　35天
7月28日 ············187.00　A　9天
8月11日 ············176.50　D　14天
9月7日 ············185.50　A　27天
9月27日 ············175.50　D　20天
10月26日 ············190.50　A　29天
11月30日 ············171.50　D　35天

1949 年

1月7日 ············182.50　A　38天
1月17日 ············177.50　D　10天
1月24日 ············182.50　A　7天
2月25日 ············170.50　D　32天
3月30日 ············179.15　A　33天
4月22日 ············172.50　D　23天
5月5日 ············177.25　A　13天
6月14日 ············160.69　D　40天

第七章　道琼斯30种工业股平均指数的3日图运动

我之所以采用道琼斯30种工业股平均指数作为一种趋势指标，不是因为道氏理论运用起来非常完美，而是因为工业股平均指数确实表明了大多数个股的趋势。然而，在上涨的时候，一些个股上涨的时间周期要比平均指数的时间周期短；而有些个股上涨的时间周期则比平均指数的时间周期长。熊市也同样如此，一些个股比平均指数早几个月见底；一些个股则比平均指数晚些见底。但是，平均指数是市场很好的风向标，可以帮助确定市场到达最终的最高点和最低点的日期，同时它们对于用来确定作为买卖点的阻力位也很重要。铁路股平均指数逐渐过时，不再与工业股平均指数协调一致了；公用事业股平均指数正处于强势形态，与工业股平均指数的协调性要比铁路股平均指数好很多。我的建议是：跟踪道琼斯30种工业股平均指数，并跟随其成分股的趋势；然后寻找趋势与之相同的个股进行交易。在过去的几年内，铁路股平均指数与工业股平均指数的百分比①并没有保持不变，因为在大多数情况下，工业股的上涨比铁路股更强劲，速度也更快。因此，我们继续坚持采用道氏理论中铁路股平均指数与工业股平均指数相互验证是很愚蠢的。我们应该要做的事情是，观察个股的强弱形态并进行交易，同时把工业股平均指数作为趋势指标，并运用我给出的所有交易规则。

---

① 译注：这里表述的是涨跌的百分比。

这些平均指数并不是真正意义上的平均值。1897～1914年，平均指数是根据12种股票计算出来的；随后在1914年12月，12种股票变成了20种股票；后来又变成了30种股票。尽管这些平均指数表现良好，并且确实能给出趋势的确定标志，但它们并不能像现在这些股票的价格一样体现股票的实际价值，因为在计算这些平均指数时已考虑了拆股和分红。我所说的真正意义上的平均值，是指任何时候在不考虑拆股和分红的情况下，这30种股票各买进100股的成本①。例如：1949年6月14日，按照现在的计算方法，道琼斯平均指数的最低点是160.69点；但如果将30种工业股当天的极限低价累加后除以30，我们得到的平均值为52.27点，这才是正确的平均值，是当时买进这些股票的真正成本。

6月14日后，杜邦公司（Du Pont）拆股，价格发生了变化。

1949年6月28日，用杜邦公司拆股之后那天的最低点计算平均指数，结果为48.59点；而按照常规方法计算出来的平均指数的最低点是164.65点。

以道琼斯公式为基础计算出来的平均指数是164.65点的时候，30种工业股中只有1种股票的价格高于164.65点的水平，就是联合化工（Allied Chemical），其股价为每股167美元。当时，美国电话（Amertcan Telephone）的股价为每股139美元；下一个最高价股票是美国制罐（American Can），其股价89.25美元；再下一个是国民钢铁（National Steel）股票，每股75美元；其他的股票价格都远远低于164.65点的水平，有些甚至仅有17.00美元和18.00美元，还有一些股票在每股20美元左右。当然，这种计算平均指数的方法会使图表失真，让平均指数看起来比其当前的实际值要高得多。然而，我们仍然可以优先采用道琼斯30种工业股平均指数进行趋势判断，就跟平均指数是按照实际的价格所计算出来的效果一样。

3日，以及3日以上的运动

这些数字将与3日图一起使用。它们记录了3日，以及更多天之内的

① 译注：江恩当时就已经注意到了道琼斯平均指数失真的问题。江恩的观点是“不复权”计算。

市场运动；只有在非常活跃的市场到达极限高点或是极限低点时，我们又想捕捉转折点的情况下，才会采用 1 日或是 2 日的运动。所有市场运动都是基于日历上的天数。使用规则是：当价格跌破任何一个 3 日图上的底部，就表明股价将继续走低；而当价格穿越任何一个 3 日图上的顶部或是最高价位，就表明股价将会继续走高。然而，其他的交易规则也必须同时运用。同时还必须始终考虑上一个最低点或者说市场开始上涨的起始点，以及上一个最高点或者说市场开始下跌的起始点；因为这些主要的摆动都非常重要。在持续上涨的市场中，主要的摆动会形成越来越高的底部；而在持续下跌的市场中，主要的摆动会形成越来越低的顶部。有些时候，市场会停留在一个狭窄的区间，既不跌破上一次摆动的最低点，也不穿越先前顶部的最高点。在平均指数或个股没有突破这个交易区间之前，我们就不能判断主要趋势已经改变。

时间周期是最重要的。穿越顶部或跌破底部消耗的时间越长，上涨或下跌的幅度就会越大。

永远要记着考虑市场从极限低点上涨了多长时间，或是从极限高点下跌了多长时间。通常，在任何行情的尾声，价格都可能会上涨到新的高价区域或是下跌到稍低的区域[①]，然后就停滞不前，原因是时间周期已经耗尽了。

例如：1938 年 3 月 31 日道琼斯 30 种工业股平均指数下跌到了 97½ 点。在这个点数附近的上一个底部是 1935 年 3 月 18 日形成的 96 点。

1942 年 4 月 28 日道琼斯平均指数下跌到了 92.62 点。相对于 1938 年的最低点，低了不到 5 个点；相对于 1935 年的最低点，低了不到 4 个点。我们的交易规则指出，如果点数未能超过先前的老底或是老顶 5 个点，主要趋势就没有变化。

1942 年 4 月，股票从 1937 年 3 月 10 日形成的极限高点一路下跌了 5 年多的时间，运行了一个很长的时间循环。因此，当点数跌破这些过去的老底，而又没有超过 5 个点的时候，我们就可以买进股票了，因为这些数字表明趋势正在酝酿变化。请注意，3 日图上的运动：1942 年 4 月 21 日的最后一个最高点为 98.02 点，4 月 8 日极限低点为 92.69 点。这是一个持

① 译注：多头陷阱与空头陷阱。

续7天并少于6个点的下跌。

1942年5月11日平均指数涨到了99.49点。在3日图中，这个点数高于4月21日形成的最后一个顶部，表明平均指数将会继续走高。从5月11日起，历时3天的下跌，平均指数下跌3.30个点，形成了最低点96.39点。随后平均指数再也没有低于这个点数，一直到1946年5月29日形成了最终的最高点。通过研究3日图以及不断升高的顶部和底部，我们会看到该图表是如何持续表明市场将继续走高，期间仅会出现正常的回调，无论是在时间周期上，还是在回调幅度上。

30种工业股平均指数的3日图运动

本书中发布了平均指数从1912年到1949年7月19日的3日图运动数据。本书后面的3日图是从1940年11月8日开始的，显示了这个期间的每一次3日运动。

绘制3日图的规则

在正在上涨的市场中，并且从一个低点开始上涨后连续3天形成了更高的顶部与更高的底部，就要把图表上的绘制点上移到第3天的顶部。如果随后回调了2天，就不用在图表上记录这次运动；但是，如果市场上涨到了第一个顶部上方，就要在图表中的线段上将每天的顶部向上延长，一直到连续3天出现更低的底部。接下来，就要将图表中的线段向下移到第3天的最低点，并且只要价格走低，就要继续下移图表中的线段。如果出现2天的反弹，就忽略这次反弹，除非市场在极限高点或极限低点附近。在这种情况下，我们就要记录2日运动，尤其是在波动非常剧烈的情况下。在市场持续上涨了相当长的一段时间，并且形成了双顶或三重顶，同时又跌破了3日图上的前一个最低点，这个时候我们至少可以认为小趋势已经掉头向下了；如果市场正在下跌，但却穿越了3日图上的前一个顶部，我们就至少可以认为市场至少暂时已经掉头向上了。你会发现，如果把3日图中的标志与其他所有的交易规则结合起来使用，将对我们有很大的帮助。

3日运动的例子。

从1940年11月8日的最高点138.50点开始，在3日图上趋势掉头向下，并不断形成了更低的顶部和更低的底部。

1941 年 4 月 23 日，5 月 1 日、16 日和 26 日都形成了最低点。5 月 26 日第二个更高的底部被记录了下来，这正是买进的时机，止损单应该设置在 5 月 1 日最低点的下方。当平均指数穿越了 5 月 21 日的最高点，趋势显示向上。7 月 22 日的最高点是131½点。平均指数跌破了 3 日图中的底部，并在 8 月 15 日形成了最低点124½点。之后，出现了反弹并在 9 月 18 日形成了最高点130¼点，这个顶部低于 7 月 22 日的顶部，形成一个卖出点。趋势继续向下，并跌破了 8 月 15 日的最低点，表明主要趋势向下。跌势继续，3 日图中只有一个顶部在 1942 年 1 月 6 日被穿越了，仅仅高出 1941 年 12 月 16 日的最高点 2 个点。1 月 6 日接近可能出现趋势变化的日期之一。趋势继续向下，在 1942 年 4 月 28 日形成了极限低点 92.69 点，从 1941 年 7 月 22 日起算，一共下跌了 38.31 点。3 日图让我们在这段时间一直进行卖空操作。

从 4 月 28 日的最低点开始，平均指数开始不断形成更高的顶部和更高的底部。买进的时间到了，我们可以沿着 1935 年和 1938 年所形成的任何一个老底进行买进操作。

1942 年 6 月，平均指数穿越了 4 月 7 日形成的最高点102½点，明确表明趋势向上。上涨中不断形成更高的底部和更高的顶部，一直到 1943 年 7 月 15 日形成了最高点146½点。交易规则表明这个位置是卖出点。3 日图中的趋势掉头向下，平均指数一直下跌到 11 月 30 日，形成了最低点 128.94 点。注意，3 月 10 日和 3 月 22 日的最低点都在128½点附近，依据 3 日图上的老底，129 点就成为了买进点。11 月 30 日之后，趋势掉头向上，摆动中形成的底部依次抬高，一直到 1946 年 2 月 4 日到达最高点 207½点，这是一个卖出点。一轮陡直而快速的下跌接踵而至，一直到 2 月 26 日形成了最低点 184.04 点。注意，前一个最低点出现在 1945 年 10 月 30 日和 11 月 14 日的 183 点附近，沿靠着老底形成了买进点 184 点。从 2 月份开始，趋势再次向上运动，在 1946 年 5 月 29 日形成了**最终的最高点** 213¼点。根据我们的很多规则可知，这里是一个卖出点。6 月 12 日的最低点是207½点，正好位于 2 月 4 日顶部上方，因此是反弹点。6 月 17 日的最高点是208½点，与 2 月 4 日形成的顶部相同，这里是一个卖出点。随后下跌开始了，平均指数跌破了 6 月 12 日的最低点，表明主要趋势向下。

在3日图中，没有任何一个顶部被穿越，一直到1946年10月30日形成了**最终的最低点**160.69点。由于这个位置靠近1945年7月27日的最低点，同时根据时间周期和百分比的规则，可以判断出这里就是一个买进点。

从10月30日的最低点开始，3日图上没有一个最低点被跌破3个点以上，一直到1947年2月10日形成最高点184½点。这个位置低于1946年2月26日的老底，是一个卖出点。随后主要趋势再次掉头向下，并且每次摆动中形成的顶部依次降低，一直到1947年5月19日形成了最低点161½点，靠近1946年10月30日的老底，因此是一个买进点。接下来是一轮快速的上涨。7月14日形成的最高点是187½点，7月18日的最低点是182点，7月25日的最高点187½点，形成了双顶，因此是卖出点。然后，平均指数跌破了7月18日形成的最低点继续下跌，9月9日和9月26日的最低点都是174½点，与6月25日的最低点的点数相同，形成了双底，因此是买进点。

10月20日的最高点为186½点，低于7月14日和7月25日的顶部，是一个卖出点。随后趋势掉头向下，在3日图上，市场不断形成更低的顶部和更低的底部，直到1948年2月11日到达最低点164.07点。2月20日和3月17日形成了另一个底部，从而形成了双底，第二个底为买进点。当平均指数穿越3月3日的顶部时，表明趋势向上，使得这里成为了一个**安全的买进点**。接下来市场快速上涨，在1948年6月14日到达最高点194.49点之前这段时间，3日图上没有一个底部被跌破过。该点处于386点的50％位，并且位于老底和老顶附近。因此，这个位置应该卖出长期持有的股票并转为卖空操作，随后趋势掉头向下。

8月11日、8月21日和9月27日形成的最低点在176½～175½点之间，这里是双底和三重底，因此是买进点。随后出现了一轮快速的反弹，一直到10月26日形成了最高点190.50点。随后出现的回调持续到10月29日；接下来的反弹持续到11月1日。当10月29日的最低点被跌破，就显示出了向下趋势。大选之后，一轮快速的下跌接踵而至。

11月30日的最低点为170½点，靠近先前的老底，因此这是一个支撑位和买进点。随后就发生了一次反弹。

1949年1月7日的最高点为182½点，经过一轮回调后又出现了另一次的反弹。反弹持续到1月24日，构筑了一个双顶并成为卖出点。根据我们的另外一条交易规则，当平均指数没能穿越1月7日和1月24日形成的顶部，就表明平均指数将会走低。

2月25日的最低点为170½点，与11月30日的最低点形成了一个双底，因此是一个买进点。3月30日的最高点为179.15点。在9点摆动图上，平均指数没能反弹到9个点的事实表明市场处于弱势。3月30日之后趋势掉头向下，在3日图上显示出顶部和底部持续下移，一直到6月14日形成了最低点160.62点。该点与1946年10月30日的最低点和1947年5月19日的最低点一起形成了三重底，因此这是一个买进点，并要设置止损单做保护。随后发生的反弹一直持续到了7月19日，平均指数上涨到了174点以上，期间没有出现任何3日回调。事实上仅发生过1日的回调，这表明市场处于强势。但是，平均指数迟早会出现一次3日或是3日以上的大幅回调。之后，当平均指数穿越第一次回调形成的顶部时，这将是主要趋势向上的确切标志，平均指数将会继续走高。

1912～1949年平均指数3日运动的记录表

（见1940年11月8日后的3日运动分析，

以及本书后面的图表）

年份	日期	指数	日期	指数
1912年	9月30日	94.15	1月30日	83.80
	10月4日	93.70	2月8日	79.82
	10月8日	94.12	2月20日	80.20
	10月14日	92.40	2月25日	78.72
	10月16日	93.70	3月5日	81.69
	11月4日	90.29	3月20日	78.25
	11月7日	91.67	4月4日	83.19
	11月11日	89.58	4月19日	81.00
	11月14日	90.40	4月22日	81.46
	11月18日	89.97	4月29日	78.39
	11月21日	91.40	5月5日	79.95
	12月11日	85.25	5月15日	78.51
1913年	1月9日	88.57	5月24日	79.88
	1月14日	84.96	6月11日	72.11
	1月18日	85.75	6月18日	75.85
	1月20日	81.55	6月21日	74.03

7月28日 ………… 79.06
8月1日 ………… 78.21
8月13日 ………… 80.93
8月15日 ………… 79.50
8月29日 ………… 81.81
9月4日 ………… 80.27
9月13日 ………… 83.43
9月17日 ………… 82.38
9月22日 ………… 83.01
9月30日 ………… 80.37
10月2日 ………… 81.43
10月6日 ………… 77.09
10月21日 ………… 79.60
10月23日 ………… 78.40
10月27日 ………… 79.38
11月10日 ………… 75.94
11月18日 ………… 77.25
12月1日 ………… 75.77
12月4日 ………… 77.01
12月15日 ………… 75.27
12月26日 ………… 78.85
12月30日 ………… 78.26
1914年 1月26日 ………… 82.88
1月29日 ………… 81.72
2月2日 ………… 83.19
2月11日 ………… 82.50
2月14日 ………… 83.09
2月25日 ………… 81.31
2月28日 ………… 82.26
3月6日 ………… 81.12
3月20日 ………… 83.43
3月30日 ………… 81.64
4月2日 ………… 82.47
4月25日 ………… 76.97
5月1日 ………… 80.11
5月8日 ………… 79.16
5月19日 ………… 81.66
5月22日 ………… 80.85
6月10日 ………… 81.84
6月25日 ………… 79.30
7月8日 ………… 81.79
7月30日 ………… 71.42
12月12日 ………… 54.72
12月14日 ………… 56.76
12月24日 ………… 53.17
1915年 1月23日 ………… 58.52
2月1日 ………… 55.59
2月11日 ………… 57.83
2月24日 ………… 54.22
3月8日 ………… 56.98
3月13日 ………… 56.35
4月30日 ………… 71.78
5月10日 ………… 62.06
5月12日 ………… 64.46
5月14日 ………… 60.38
5月22日 ………… 65.50
5月26日 ………… 64.42
6月22日 ………… 71.90
7月9日 ………… 67.88
8月18日 ………… 81.86
8月21日 ………… 76.76
8月28日 ………… 81.95
9月3日 ………… 80.70
10月12日 ………… 91.98
10月16日 ………… 88.23
10月22日 ………… 96.46
10月28日 ………… 93.34
11月4日 ………… 96.06
11月9日 ………… 91.08
11月16日 ………… 96.33
11月20日 ………… 95.02
11月29日 ………… 97.56
12月2日 ………… 94.78
12月8日 ………… 98.45
12月13日 ………… 95.96
12月27日 ………… 99.21
1916年 1月11日 ………… 94.07
1月17日 ………… 96.63
1月20日 ………… 93.60
1月25日 ………… 94.24

1月31日 ………… 90.58
2月11日 ………… 9615
2月17日 ………… 94.11
2月19日 ………… 94.77
3月2日 ………… 90.52
3月16日 ………… 96.08
3月25日 ………… 93.23
4月6日 ………… 94.46
4月22日 ………… 84.96
5月1日 ………… 90.30
5月4日 ………… 87.71
5月15日 ………… 92.43
5月17日 ………… 91.51
5月25日 ………… 92.62
6月2日 ………… 91.22
6月12日 ………… 93.61
6月26日 ………… 87.68
7月5日 ………… 90.53
7月13日 ………… 86.42
7月22日 ………… 89.75
7月27日 ………… 88.00
8月1日 ………… 89.05
8月8日 ………… 88.15
8月22日 ………… 93.83
9月1日 ………… 91.19
11月9日 ………… 107.68
11月13日 ………… 105.63
11月21日 ………… 110.15
11月23日 ………… 107.48
11月25日 ………… 109.95
11月29日 ………… 105.97
12月6日 ………… 106.76
12月21日 ………… 90.16
1917 年 1月2日 ………… 99.18
1月13日 ………… 95.13
1月20日 ………… 97.97
1月23日 ………… 96.26
1月26日 ………… 97.36
2月2日 ………… 87.01
2月6日 ………… 92.81
2月9日 ………… 90.20
2月13日 ………… 92.37
2月15日 ………… 91.65
2月20日 ………… 94.91
3月1日 ………… 91.10
3月20日 ………… 98.20
4月10日 ………… 91.20
4月14日 ………… 93.76
4月24日 ………… 90.66
5月1日 ………… 93.42
5月9日 ………… 89.08
6月9日 ………… 99.08
6月20日 ………… 94.78
6月25日 ………… 97.57
7月19日 ………… 90.48
7月21日 ………… 92.61
7月25日 ………… 91.24
8月6日 ………… 93.85
9月4日 ………… 81.20
9月10日 ………… 83.88
9月17日 ………… 81.55
9月25日 ………… 86.02
10月15日 ………… 75.13
10月20日 ………… 79.80
11月8日 ………… 68.58
11月12日 ………… 70.65
11月15日 ………… 69.10
11月26日 ………… 74.03
12月19日 ………… 65.95
1918 年 1月2日 ………… 76.68
1月8日 ………… 74.63
1月10日 ………… 76.33
1月15日 ………… 73.38
1月31日 ………… 79.80
2月7日 ………… 77.78
2月19日 ………… 182.08
2月25日 ………… 79.17
2月27日 ………… 80.50
3月2日 ………… 78.98
3月11日 ………… 79.78

3月23日 ………… 76.24
4月6日 ………… 77.95
4月11日 ………… 75.58
4月20日 ………… 79.73
4月30日 ………… 77.51
5月15日 ………… 84.04
6月1日 ………… 77.93
6月26日 ………… 83.02
7月1日 ………… 81.81
7月6日 ………… 83.20
7月15日 ………… 80.58
7月18日 ………… 82.92
7月23日 ………… 80.51
7月26日 ………… 81.51
8月1日 ………… 80.71
8月10日 ………… 82.04
8月17日 ………… 81.51
9月3日 ………… 83.84
9月13日 ………… 80.29
10月4日 ………… 85.31
10月9日 ………… 83.36
10月18日 ………… 89.07
10月30日 ………… 84.08
11月9日 ………… 88.06
11月25日 ………… 79.87
12月10日 ………… 84.50
12月26日 ………… 80.44

1919年　1月3日 ………… 83.35
1月11日 ………… 81.66
1月15日 ………… 82.40
1月21日 ………… 79.88
1月24日 ………… 81.75
2月8日 ………… 79.15
3月21日 ………… 89.05
3月26日 ………… 86.83
4月9日 ………… 91.01
4月12日 ………… 89.61
5月14日 ………… 100.37
5月19日 ………… 99.16
6月5日 ………… 107.55
6月16日 ………… 99.56
6月21日 ………… 106.45
6月24日 ………… 104.58
7月14日 ………… 112.23
7月21日 ………… 107.24
7月26日 ………… 111.10
8月7日 ………… 100.80
8月12日 ………… 10510
8月20日 ………… 98.46
9月3日 ………… 108.55
9月8日 ………… 106.51
9月16日 ………… 108.81
9月20日 ………… 104.99
9月30日 ………… 111.42
10月3日 ………… 108.90
11月3日 ………… 119.62
11月12日 ………… 107.15
11月13日 ………… 110.69
11月19日 ………… 106.15
11月25日 ………… 109.02
11月29日 ………… 103.60
12月4日 ………… 107.97
12月12日 ………… 103.73
12月17日 ………… 107.26
12月22日 ………… 103.55

1920年　1月3日 ………… 109.88
1月16日 ………… 101.94
1月20日 ………… 103.48
1月23日 ………… 101.90
1月30日 ………… 104.21
2月11日 ………… 90.66
2月21日 ………… 95.63
2月25日 ………… 89.98
3月22日 ………… 104.17
3月24日 ………… 100.33
4月8日 ………… 105.65
4月23日 ………… 95.46
4月26日 ………… 97.20
4月29日 ………… 93.16
5月8日 ………… 94.75

5月19日 ………… 87.36
6月12日 ………… 93.20
6月30日 ………… 90.76
7月8日 ………… 94.51
7月16日 ………… 89.95
7月22日 ………… 90.74
8月10日 ………… 83.20
8月13日 ………… 85.89
8月17日 ………… 83.90
8月24日 ………… 87.29
8月31日 ………… 86.16
9月9日 ………… 88.33
9月13日 ………… 86.96
9月17日 ………… 89.95
9月30日 ………… 82.95
10月6日 ………… 85.60
10月11日 ………… 84.00
10月25日 ………… 85.73
10月28日 ………… 84.61
11月1日 ………… 85.48
11月19日 ………… 73.12
11月23日 ………… 77.20
11月27日 ………… 75.46
12月4日 ………… 77.63
12月21日 ………… 66.75

1921年 1月11日 ………… 76.14
1月13日 ………… 74.43
1月19日 ………… 76.76
1月21日 ………… 74.65
1月29日 ………… 76.34
2月3日 ………… 74.34
2月16日 ………… 77.14
2月24日 ………… 74.66
3月5日 ………… 75.25
3月11日 ………… 72.25
3月23日 ………… 77.78
4月4日 ………… 75.16
4月6日 ………… 76.58
4月8日 ………… 75.61
5月5日 ………… 80.03
6月20日 ………… 64.90
7月6日 ………… 69.86
7月15日 ………… 67.25
7月25日 ………… 69.80
8月16日 ………… 65.27
8月24日 ………… 63.90
9月10日 ………… 71.92
9月20日 ………… 69.43
10日1日 ………… 71.68
10月6日 ………… 70.42
10月11日 ………… 71.06
10月17日 ………… 69.46
11月16日 ………… 77.13
11月22日 ………… 76.21
12月15日 ………… 81.50
12月22日 ………… 78.76
12月31日 ………… 81.10

1922年 1月5日 ………… 78.68
1月20日 ………… 82.95
1月31日 ………… 81.30
2月6日 ………… 83.70
2月8日 ………… 82.74
2月21日 ………… 85.81
2月27日 ………… 84.58
3月18日 ………… 88.47
3月27日 ………… 86.60
4月22日 ………… 93.46
4月27日 ………… 91.10
5月3日 ………… 93.81
5月11日 ………… 91.50
5月29日 ………… 96.41
6月12日 ………… 90.73
6月20日 ………… 93.51
6月29日 ………… 92.06
7月20日 ………… 96.76
7月24日 ………… 94.64
8月22日 ………… 100.75
8月28日 ………… 99.21
9月11日 ………… 102.05
9月21日 ………… 98.37

9月23日 ………… 99.10
9月30日 ………… 96.30
10月14日 ………… 103.43
10月31日 ………… 96.11
11月8日 ………… 99.53
11月14日 ………… 93.61
11月20日 ………… 95.82
11月27日 ………… 92.03
1923年 1月3日 ………… 99.42
1月9日 ………… 97.23
1月13日 ………… 99.09
1月16日 ………… 96.96
2月21日 ………… 103.59
2月26日 ………… 10240
3月7日 ………… 105.23
3月10日 ………… 103.82
3月20日 ………… 105.38
4月4日 ………… 101.40
4月7日 ………… 102.56
4月11日 ………… 101.08
4月19日 ………… 102.58
4月23日 ………… 100.73
4月26日 ………… 101.37
5月7日 ………… 95.41
5月9日 ………… 98.19
5月21日 ………… 92.77
5月29日 ………… 97.66
6月1日 ………… 95.36
6月6日 ………… 97.24
6月20日 ………… 90.81
6月23日 ………… 93.30
6月30日 ………… 87.85
7月7日 ………… 89.41
7月12日 ………… 87.64
7月20日 ………… 91.72
7月31日 ………… 86.91
8月18日 ………… 92.32
8月25日 ………… 91.59
8月29日 ………… 93.70
9月4日 ………… 92.25
9月11日 ………… 93.61
9月25日 ………… 87.94
10月3日 ………… 90.45
10月16日 ………… 86.91
10月20日 ………… 87.83
10月27日 ………… 85.76
11月10日 ………… 91.39
11月17日 ………… 89.65
11月26日 ………… 92.88
11月30日 ………… 92.34
12月17日 ………… 95.26
12月22日 ………… 93.63
1924年 1月11日 ………… 97.46
1月14日 ………… 95.68
2月6日 ………… 101.31
2月18日 ………… 96.33
3月14日 ………… 98.86
3月29日 ………… 92.28
4月4日 ………… 94.69
4月14日 ………… 89.91
4月17日 ………… 91.34
4月21日 ………… 89.18
5月7日 ………… 92.47
5月14日 ………… 88.77
5月24日 ………… 90.66
5月29日 ………… 89.90
6月3日 ………… 91.23
6月7日 ………… 89.52
6月16日 ………… 93.80
6月23日 ………… 92.65
7月12日 ………… 97.60
7月17日 ………… 96.85
8月4日 ………… 103.28
8月12日 ………… 101.58
8月20日 ………… 105.57
8月28日 ………… 102.67
8月30日 ………… 105.16
9月6日 ………… 100.76
9月24日 ………… 104.68
9月29日 ………… 102.96

	10月1日	104.08
	10月14日	99.18
	11月18日	110.73
	11月22日	109.55
1925年	1月13日	123.56
	1月16日	121.71
	1月22日	123.60
	1月26日	121.90
	1月31日	123.22
	2月3日	120.08
	2月9日	122.37
	2月16日	117.96
	3月6日	125.68
	3月10日	122.62
	3月12日	124.60
	3月18日	118.25
	3月20日	120.91
	3月30日	115.00
	4月18日	122.02
	4月27日	119.46
	5月7日	125.16
	5月13日	124.21
	6月2日	130.42
	6月10日	126.75
	6月17日	129.80
	6月23日	127.17
	7月8日	133.07
	7月11日	131.43
	7月27日	136.50
	7月31日	133.81
	8月25日	143.18
	9月2日	137.22
	9月19日	147.73
	9月30日	143.46
	11月6日	159.39
	11月10日	151.60
	11月13日	157.76
	11月24日	148.18
	12月5日	154.63
	12月9日	152.57
	12月14日	154.70
	12月21日	152.35
	12月24日	157.01
	12月30日	155.81
1926年	1月9日	159.10
	1月19日	153.81
	2月4日	160.53
	2月8日	159.10
	2月11日	162.31
	2月15日	158.30
	2月18日	161.09
	3月3日	144.44
	3月10日	153.13
	3月30日	135.20
	4月6日	142.43
	4月16日	136.27
	4月24日	144.83
	5月3日	140.53
	5月6日	142.13
	5月19日	137.16
	6月21日	154.03
	6月26日	150.68
	7月17日	158.81
	7月24日	154.59
	8月14日	166.64
	8月25日	160.41
	9月7日	166.10
	9月20日	156.26
	9月25日	159.27
	9月29日	157.71
	10月1日	159.69
	10月11日	149.35
	10月14日	152.10
	10月19日	145.66
	10月27日	151.87
	10月30日	150.38
	11月16日	156.53
	11月19日	152.86
	12月18日	161.86
1927年	1月3日	155.16

1月10日 ………… 156.56
1月17日 ………… 153.91
1月21日 ………… 155.51
1月25日 ………… 152.73
2月1日 ………… 156.26
2月7日 ………… 154.31
2月28日 ………… 161.96
3月7日 ………… 158.62
3月17日 ………… 161.78
3月22日 ………… 158.41
4月22日 ………… 167.36
4月28日 ………… 163.53
5月21日 ………… 172.06
5月24日 ………… 171.06
5月28日 ………… 172.56
6月3日 ………… 169.65
6月6日 ………… 171.13
6月14日 ………… 167.63
6月16日 ………… 170.15
6月27日 ………… 165.73
8月2日 ………… 185.55
8月12日 ………… 177.13
9月7日 ………… 197.75
9月12日 ………… 194.00
9月15日 ………… 198.97
9月28日 ………… 194.11
10月3日 ………… 199.78
10月10日 ………… 189.03
10月13日 ………… 190.45
10月22日 ………… 179.78
10日25日 ………… 185.31
10月29日 ………… 180.32
11月23日 ………… 197.10
11月28日 ………… 194.80
12月3日 ………… 197.34
12月8日 ………… 193.58
12月20日 ………… 200.93
12月28日 ………… 198.60
1928年 1月3日 ………… 203.35
1月10日 ………… 197.52
1月13日 ………… 199.51
1月18日 ………… 194.50
1月24日 ………… 201.01
2月3日 ………… 196.30
2月9日 ………… 199.35
2月20日 ………… 191.33
3月30日 ………… 214.45
4月10日 ………… 209.23
4月13日 ………… 216.93
4月23日 ………… 207.94
5月14日 ………… 220.88
5月22日 ………… 211.73
6月2日 ………… 220.96
6月12日 ………… 202.65
6月14日 ………… 210.76
6月18日 ………… 201.96
7月5日 ………… 214.43
7月11日 ………… 206.43
7月14日 ………… 207.77
7月16日 ………… 205.10
8月7日 ………… 218.06
8月14日 ………… 214.08
8月31日 ………… 240.41
9月10日 ………… 238.82
9月12日 ………… 241.48
9月27日 ………… 236.86
10月1日 ………… 242.46
10月3日 ………… 233.60
10月5日 ………… 243.08
10月9日 ………… 236.79
10月19日 ………… 259.19
10月22日 ………… 250.08
10月24日 ………… 260.39
10月31日 ………… 248.76
11月28日 ………… 299.35
12月3日 ………… 283.89
12月4日 ………… 295.61
12月10日 ………… 254.36
12月31日 ………… 301.61
1929年 1月3日 ………… 311.46

1月8日 ………… 292.89
1月25日 ………… 319.36
1月30日 ………… 308.47
2月1日 ………… 324.16
2月8日 ………… 298.03
2月13日 ………… 316.06
2月18日 ………… 293.40
3月1日 ………… 324.40
3月6日 ………… 302.93
3月15日 ………… 322.75
3月26日 ………… 281.51
4月5日 ………… 307.97
4月10日 ………… 295.71
4月23日 ………… 320.10
4月26日 ………… 311.00
5月6日 ………… 331.01
5月13日 ………… 313.56
5月17日 ………… 325.64
5月31日 ………… 290.02
6月7日 ………… 312.00
6月11日 ………… 301.22
7月8日 ………… 350.09
7月11日 ………… 340.12
7月12日 ………… 350.26
7月16日 ………… 339.98
7月19日 ………… 349.19
7月22日 ………… 339.32
7月24日 ………… 350.30
7月29日 ………… 336.36
8月5日 ………… 358.66
8月9日 ………… 336.13
9月3日 ………… 386.10
9月13日 ………… 359.70
9月19日 ………… 375.20
10月4日 ………… 320.45
10日11日 ………… 358.77
10月21日 ………… 314.55
10月23日 ………… 329.94
10月24日 ………… 272.32
10日25日 ………… 306.02
10月29日 ………… 212.33
10日31日 ………… 281.54
11月7日 ………… 217.84
11月8日 ………… 245.28
11月13日 ………… 195.35
11月22日 ………… 250.75
11月27日 ………… 233.59
12月9日 ………… 267.56
12月13日 ………… 239.58
12月14日 ………… 254.41
12月20日 ………… 227.20
12月27日 ………… 246.35
12月30日 ………… 235.95

1930年 1月2日 ………… 252.29
1月7日 ………… 243.80
1月16日 ………… 253.49
1月18日 ………… 243.37
2月5日 ………… 274.01
2月10日 ………… 266.37
2月13日 ………… 275.00
2月25日 ………… 259.78
3月10日 ………… 279.40
3月17日 ………… 268.94
4月11日 ………… 296.35
4月15日 ………… 189.34①
4月16日 ………… 297.25
4月29日 ………… 272.94
4月30日 ………… 283.51
5月5日 ………… 249.82
5月14日 ………… 277.22
5月20日 ………… 260.76
6月2日 ………… 276.86
6月12日 ………… 241.00
6月13日 ………… 251.63
6月18日 ………… 212.27

---

① 译注：原文中出现本条记录，但是明显不合理。参照本书38页和书后的3日图，本条记录应当是错误和多余的。

6月20日 ………… 232.69
6月25日 ………… 207.74
7月1日 ………… 229.53
7月8日 ………… 214.64
7月18日 ………… 242.01
7月21日 ………… 228.71
1月28日 ………… 243.65
7月31日 ………… 229.09
8月5日 ………… 240.95
8月9日 ………… 218.82
9月2日 ………… 242.77
9月4日 ………… 234.35
9月10日 ………… 247.21
9月30日 ………… 201.95
10月3日 ………… 216.89
10月10日 ………… 186.70
10月15日 ………… 201.64
10月18日 ………… 183.65
10月21日 ………… 193.95
10月22日 ………… 181.53
10月28日 ………… 198.59
11月10日 ………… 168.32
11月15日 ………… 187.59
11月18日 ………… 177.63
11月25日 ………… 191.28
11月28日 ………… 178.88
12月2日 ………… 187.96
12月17日 ………… 154.45
12月20日 ………… 170.91
12月29日 ………… 158.41

1931年 1月8日 ………… 175.62
1月19日 ………… 160.09
1月23日 ………… 172.97
1月29日 ………… 164.81
2月11日 ………… 185.89
2月14日 ………… 178.20
2月24日 ………… 196.96
3月6日 ………… 178.46
3月10日 ………… 188.10
3月13日 ………… 175.89
3月20日 ………… 189.31
4月2日 ………… 168.30
4月6日 ………… 174.69
4月17日 ………… 158.50
4月20日 ………… 164.42
4月29日 ………… 141.78
5月1日 ………… 153.82
5月6日 ………… 145.65
5月9日 ………… 156.17
6月2日 ………… 119.89
6月27日 ………… 157.93
7月1日 ………… 147.44
7月3日 ………… 156.74
7月15日 ………… 134.39
7月21日 ………… 147.69
7月25日 ………… 137.69
7月28日 ………… 142.12
7月31日 ………… 133.70
8月3日 ………… 139.35
8月6日 ………… 132.55
8月15日 ………… 146.51
8月24日 ………… 135.62
8月29日 ………… 142.58
9月21日 ………… 104.79
9月23日 ………… 117.75
10月5日 ………… 85.51
10月9日 ………… 108.96
10月14日 ………… 96.01
10月21日 ………… 109.69
10月29日 ………… 98.19
11月9日 ………… 119.15
12月4日 ………… 85.75
12月7日 ………… 92.60
12月17日 ………… 71.79
12月19日 ………… 83.09
12月28日 ………… 72.41
12月31日 ………… 79.92

1932年 1月5日 ………… 69.85
1月14日 ………… 87.78
1月23日 ………… 77.09

1月26日 ………… 80.79
1月29日 ………… 74.19
2月2日 ………… 80.74
2月10日 ………… 70.64
2月19日 ………… 89.84
2月24日 ………… 79.57
3月9日 ………… 89.87
4月8日 ………… 61.98
4月9日 ………… 66.81
5月4日 ………… 52.33
5月7日 ………… 60.01
5月16日 ………… 50.21
5月20日 ………… 55.50
6月2日 ………… 43.49
6月6日 ………… 51.21
6月9日 ………… 44.45
6月16日 ………… 51.43
7月8日 ………… 40.56
7月16日 ………… 45.98
7月19日 ………… 43.53
8月8日 ………… 71.49
8月13日 ………… 60.89
8月17日 ………… 70.50
8月20日 ………… 65.99
9月8日 ………… 81.39
9月15日 ………… 64.27
9月22日 ………… 76.01
10月10日 ………… 57.67
10月20日 ………… 66.13
10月26日 ………… 59.03
10月29日 ………… 63.67
11月3日 ………… 57.21
11月12日 ………… 68.87
11月17日 ………… 62.18
11月21日 ………… 64.68
12月3日 ………… 55.04
12月15日 ………… 62.89
12月23日 ………… 56.07
12月30日 ………… 60.84
1933年 1月3日 ………… 58.87
1月11日 ………… 65.28
1月18日 ………… 60.07
1月26日 ………… 62.69
2月6日 ………… 56.65
2月9日 ………… 60.85
2月27日 ………… 49.68
3月16日 ………… 64.56
3月31日 ………… 54.90
4月20日 ………… 75.20
4月21日 ………… 68.64
4月24日 ………… 74.84
4月28日 ………… 69.78
5月11日 ………… 83.61
5月15日 ………… 79.06
5月18日 ………… 84.13
5月22日 ………… 78.61
6月13日 ………… 97.92
6月17日 ………… 89.10
6月20日 ………… 98.34
6月23日 ………… 91.69
7月7日 ………… 107.51
7月12日 ………… 101.87
7月18日 ………… 110.53
7月21日 ………… 84.45
7月27日 ………… 97.28
7月31日 ………… 87.75
8月10日 ………… 100.14
8月16日 ………… 92.95
8月25日 ………… 105.60
9月6日 ………… 97.74
9月18日 ………… 107.68
9月22日 ………… 95.73
9月26日 ………… 100.23
10月3日 ………… 91.93
10月9日 ………… 100.58
10月21日 ………… 82.20
10月25日 ………… 95.23
10月31日 ………… 86.50
11月21日 ………… 101.94
11月28日 ………… 95.31

12月11日 ………… 103.97
12月20日 ………… 93.70
1934年 1月2日 ………… 101.94
1月8日 ………… 96.26
2月5日 ………… 111.93
2月10日 ………… 103.08
2月16日 ………… 109.96
3月1日 ………… 101.93
3月3日 ………… 106.37
3月8日 ………… 100.78
3月13日 ………… 104.89
3月21日 ………… 98.45
3月26日 ………… 102.67
3月27日 ………… 97.41
4月20日 ………… 107.00
5月14日 ………… 89.10
5月18日 ………… 96.57
5月23日 ………… 92.23
5月28日 ………… 96.33
6月2日 ………… 90.85
6月19日 ………… 101.11
7月3日 ………… 94.25
7月11日 ………… 99.35
7月26日 ………… 84.58
8月2日 ………… 91.12
8月6日 ………… 86.32
8月13日 ………… 92.56
8月20日 ………… 90.08
8月25日 ………… 96.00
9月17日 ………… 85.72
9月27日 ………… 94.02
10月4日 ………… 89.84
10月17日 ………… 96.36
10月26日 ………… 92.20
11月26日 ………… 103.51
11月30日 ………… 101.49
12月6日 ………… 104.23
12月20日 ………… 98.93
1935年 1月7日 ………… 106.71
1月15日 ………… 99.54
1月21日 ………… 103.93
1月29日 ………… 100.24
2月2日 ………… 102.56
2月6日 ………… 99.95
2月18日 ………… 108.29
2月27日 ………… 101.27
3月2日 ………… 103.67
3月18日 ………… 95.95
3月22日 ………… 100.88
3月26日 ………… 98.61
4月25日 ………… 111.52
5月2日 ………… 107.82
5月16日 ………… 117.30
5月18日 ………… 11413
5月28日 ………… 117.62
6月1日 ………… 108.64
6月24日 ………… 121.30
6月27日 ………… 116.91
7月9日 ………… 123.34
7月16日 ………… 121.00
7月31日 ………… 127.04
8月2日 ………… 124.28
8月14日 ………… 128.94
8月20日 ………… 124.97
8月27日 ………… 129.97
9月4日 ………… 126.43
9月11日 ………… 135.05
9月20日 ………… 127.97
10月1日 ………… 133.19
10月3日 ………… 126.95
10月28日 ………… 142.08
10月31日 ………… 138.40
11月8日 ………… 145.40
11月13日 ………… 141.60
11月20日 ………… 149.42
12月2日 ………… 140.38
12月9日 ………… 145.07
12月16日 ………… 138.91
1936年 1月10日 ………… 148.02
1月21日 ………… 142.77

2月19日 ………… 155.69
2月26日 ………… 149.08
3月6日 ………… 159.87
3月13日 ………… 149.65
3月26日 ………… 159.53
3月28日 ………… 154.66
4月6日 ………… 163.07
4月30日 ………… 141.53
5月15日 ………… 152.43
5月19日 ………… 147.21
6月1日 ………… 154.02
6月5日 ………… 148.52
6月24日 ………… 161.15
7月1日 ………… 156.82
7月3日 ………… 159.13
7月8日 ………… 154.85
7月28日 ………… 168.23
8月3日 ………… 164.61
8月10日 ………… 170.15
8月21日 ………… 160.52
8月28日 ………… 168.02
9月1日 ………… 165.24
9日8日 ………… 170.02
9月17日 ………… 164.82
9月23日 ………… 170.72
9月25日 ………… 165.91
10月19日 ………… 178.44
10月26日 ………… 172.16
11月18日 ………… 186.39
11月23日 ………… 177.91
11月30日 ………… 184.01
12月2日 ………… 179.66
12月15日 ………… 183.30
12月21日 ………… 175.31
12月31日 ………… 181.77

1937年 1月4日 ………… 176.96
1月22日 ………… 187.80
1月27日 ………… 182.15
2月11日 ………… 191.39
2月24日 ………… 185.15
3月10日 ………… 195.59
3月22日 ………… 179.28
3月31日 ………… 187.99
4月9日 ………… 175.86
4月13日 ………… 183.43
4月16日 ………… 179.70
4月22日 ………… 184.33
4月28日 ………… 168.77
5月5日 ………… 176.81
5月18日 ………… 166.20
5月24日 ………… 176.25
6月1日 ………… 170.72
6月5日 ………… 175.66
6月14日 ………… 163.73
6月25日 ………… 170.98
6月29日 ………… 166.11
8月14日 ………… 190.38
8月28日 ………… 175.33
8月31日 ………… 179.10
9月13日 ………… 154.94
9月15日 ………… 165.16
9月24日 ………… 146.22
9月30日 ………… 157.12
10月6日 ………… 141.63
10月7日 ………… 150.47
10月19日 ………… 115.84
10月21日 ………… 137.82
10月25日 ………… 124.56
10月29日 ………… 141.22
11月8日 ………… 121.60
11月12日 ………… 135.70
11月23日 ………… 112.54
12月8日 ………… 131.15
12月14日 ………… 121.85
12月21日 ………… 130.76
12月29日 ………… 117.71

1938年 1月15日 ………… 134.95
1月28日 ………… 118.94
2月2日 ………… 125.00
2月4日 ………… 117.13

2月23日 ………… 132.86
2月28日 ………… 128.63
3月1日 ………… 131.03
3月12日 ………… 121.77
3月15日 ………… 127.44
3月31日 ………… 97.46
4月18日 ………… 121.54
4月20日 ………… 112.47
4月23日 ………… 119.21
5月1日 ………… 109.40
5月10日 ………… 120.28
5月27日 ………… 106.44
6月10日 ………… 116.08
6月14日 ………… 111.54
7月7日 ………… 140.05
7月12日 ………… 133.84
7月25日 ………… 146.31
7月28日 ………… 139.51
8月6日 ………… 146.28
8月12日 ………… 135.38
8月24日 ………… 145.30
8月29日 ………… 136.64
9月7日 ………… 143.42
9月14日 ………… 130.38
9月21日 ………… 140.20
9月28日 ………… 127.85
10月24日 ………… 155.38
10月29日 ………… 150.48
11月10日 ………… 158.90
11月28日 ………… 145.21
12月1日 ………… 150.20
12月5日 ………… 146.44
12月15日 ………… 153.16
12月21日 ………… 149.06

1939年 1月5日 ………… 155.47
1月13日 ………… 146.03
1月19日 ………… 149.88
1月26日 ………… 136.10
2月6日 ………… 146.43
2月10日 ………… 142.70
2月16日 ………… 146.12
2月21日 ………… 142.05
3月10日 ………… 152.71
3月22日 ………… 138.42
3月27日 ………… 143.14
4月11日 ………… 120.04
4月15日 ………… 130.19
4月18日 ………… 124.81
4月28日 ………… 131.42
5月1日 ………… 127.53
5月10日 ………… 134.66
5月17日 ………… 128.35
6月9日 ………… 140.75
6月16日 ………… 133.79
6月21日 ………… 138.04
6月30日 ………… 128.97
7月25日 ………… 145.72
8月11日 ………… 136.38
8月15日 ………… 142.35
8月24日 ………… 128.60
8月30日 ………… 138.07
9月1日 ………… 127.51
9月13日 ………… 157.77
9月18日 ………… 147.35
9月20日 ………… 154.96
10月4日 ………… 148.73
10月18日 ………… 155.28
10月20日 ………… 152.55
10月26日 ………… 155.95
11月10日 ………… 147.74
11月20日 ………… 152.58
11月30日 ………… 144.85
12月7日 ………… 149.57
12月12日 ………… 146.43
12月15日 ………… 150.11
12月19日 ………… 148.35
12月27日 ………… 147.66

1940年 1月3日 ………… 153.29
1月15日 ………… 143.06
1月25日 ………… 147.29

2月5日 ………… 144.69
2月9日 ………… 150.04
2月26日 ………… 145.81
3月12日 ………… 149.45
3月18日 ………… 145.08
4月8日 ………… 152.09
4月19日 ………… 145.86
4月24日 ………… 149.45
5月3日 ………… 146.42
5月8日 ………… 148.70
5月21日 ………… 110.61
5月23日 ………… 117.84
5月28日 ………… 110.51
6月3日 ………… 116.44
6月10日 ………… 110.41
6月18日 ………… 125.31
6月26日 ………… 118.67
6月28日 ………… 124.42
7月3日 ………… 120.14
7月17日 ………… 123.91
7月25日 ………… 121.19
7月31日 ………… 127.18
8月7日 ………… 124.61
8月12日 ………… 127.55
8月16日 ………… 120.90
8月22日 ………… 126.97
8月27日 ………… 124.95
9月5日 ………… 134.54
9月13日 ………… 127.22
9月24日 ………… 135.48
9月27日 ………… 131.38
10月3日 ………… 135.86
10月15日 ………… 129.47
10月23日 ………… 132.79
10月28日 ………… 130.96
11月8日 ………… 138.77
11月28日 ………… 129.13
12月2日 ………… 131.96
12月5日 ………… 129.54
12月13日 ………… 133.00
12月23日 ………… 127.83

1941年 1月10日 ………… 134.27
2月4日 ………… 122.29
2月10日 ………… 125.13
2月19日 ………… 117.43
2月26日 ………… 122.90
3月5日 ………… 119.98
3月19日 ………… 124.35
3月24日 ………… 121.82
4月4日 ………… 125.28
4月23日 ………… 115.33
4月29日 ………… 117.48
5月1日 ………… 114.78
5月13日 ………… 117.93
5月16日 ………… 115.36
5月21日 ………… 118.45
5月26日 ………… 115.33
6月23日 ………… 125.14
7月1日 ………… 122.54
7月9日 ………… 128.77
7月17日 ………… 126.75
7月22日 ………… 131.10
7月25日 ………… 127.74
7月28日 ………… 130.37
8月15日 ………… 124.66
9月2日 ………… 128.62
9月11日 ………… 126.31
9月18日 ………… 130.00
9月25日 ………… 125.33
9月30日 ………… 127.31
10月17日 ………… 117.88
10月24日 ………… 121.69
10月31日 ………… 117.40
11月5日 ………… 120.34
11月13日 ………… 114.91
11月24日 ………… 118.19
12月1日 ………… 113.06
12月4日 ………… 117.54
12月10日 ………… 106.87
12月16日 ………… 112.30

12月24日 ………… 105.52

1942年 1月6日 ………… 114.96

1月12日 ………… 110.10

1月14日 ………… 113.29

1月22日 ………… 108.30

1月27日 ………… 111.20

2月11日 ………… 106.00

2月16日 ………… 107.96

2月20日 ………… 104.78

3月3日 ………… 107.16

3月12日 ………… 98.32

3月18日 ………… 102.73

3月31日 ………… 99.25

4月7日 ………… 102.75

4月17日 ………… 95.80

4月21日 ………… 98.02

4月28日 ………… 92.69

5月11日 ………… 99.49

5月14日 ………… 96.39

5月21日 ………… 100.21

5月25日 ………… 98.68

6月9日 ………… 106.34

6月12日 ………… 103.27

6月18日 ………… 106.63

6月25日 ………… 101.94

7月9日 ………… 109.26

7月14日 ………… 107.40

7月16日 ………… 109.21

7月24日 ………… 105.84

7月27日 ………… 106.97

8月7日 ………… 104.50

8月19日 ………… 107.88

8月26日 ………… 105.37

9月8日 ………… 107.88

9月11日 ………… 105.58

10月13日 ………… 115.80

10月16日 ………… 112.71

10月21日 ………… 116.01

10月28日 ………… 112.57

11月9日 ………… 118.18

11月18日 ………… 114.12

11月21日 ………… 115.65

11月25日 ………… 113.55

12月18日 ………… 119.76

12月22日 ………… 118.09

12月28日 ………… 119.96

12月29日 ………… 117.30

1943年 1月4日 ………… 120.82

1月7日 ………… 118.84

2月2日 ………… 126.38

2月4日 ………… 124.69

2月15日 ………… 129.15

2月19日 ………… 125.82

3月4日 ………… 131.20

3月10日 ………… 128.49

3月12日 ………… 131.39

3月22日 ………… 128.67

4月6日 ………… 137.45

4月13日 ………… 129.79

5月10日 ………… 139.30

5月14日 ………… 136.13

5月20日 ………… 140.09

5月25日 ………… 138.06

6月5日 ………… 143.19

6月15日 ………… 138.51

7月15日 ………… 146.41

8月2日 ………… 133.87

8月19日 ………… 138.83

8月23日 ………… 134.40

9月10日 ………… 138.26

9月14日 ………… 137.24

9月20日 ………… 142.50

10月7日 ………… 136.01

10月20日 ………… 139.21

10月25日 ………… 137.88

10月28日 ………… 139.74

11月9日 ………… 130.84

11月12日 ………… 133.07

11月17日 ………… 129.86

11月20日 ………… 133.15

	11月30日	128.94
1944年	1月11日	138.89
	1月13日	136.99
	1月17日	138.60
	1月28日	136.65
	2月1日	137.69
	2月7日	134.10
	2月17日	136.77
	2月21日	135.52
	3月16日	141.43
	3月29日	136.98
	4月10日	139.45
	4月25日	134.75
	5月12日	139.38
	5月16日	138.23
	6月20日	149.15
	6月24日	147.12
	7月10日	150.88
	7月24日	145.26
	8月2日	147.07
	8月9日	144.48
	8月18日	149.28
	8月25日	146.42
	8月30日	147.69
	9月7日	142.53
	9月26日	147.08
	9月28日	145.67
	10月6日	149.20
	10月10日	147.67
	10月18日	149.18
	10月27日	145.33
	11月10日	148.39
	11月16日	145.17
	12月16日	153.00
	12月27日	147.93
1945年	1月11日	156.68
	1月24日	150.53
	2月21日	160.17
	2月26日	157.45
	3月6日	162.22
	3月9日	155.96
	3月16日	159.42
	3月26日	151.74
	5月8日	167.25
	5月11日	162.60
	5月31日	169.41
	6月12日	165.89
	6月26日	169.55
	7月6日	163.47
	7月10日	167.79
	7月27日	159.95
	8月10日	166.54
	8月21日	162.28
	9月13日	179.33
	9月17日	173.30
	10月18日	187.55
	10月30日	182.98
	11月8日	192.78
	11月14日	182.82
	11月17日	192.66
	11月24日	185.83
	12月10日	196.59
	12月20日	187.51
1946年	1月17日	205.03
	1月21日	195.52
	2月4日	207.49
	2月13日	197.65
	2月16日	205.35
	2月26日	184.05
	3月9日	194.70
	3月13日	188.86
	3月26日	201.85
	3月29日	198.23
	4月10日	208.93
	4月15日	204.57
	4月18日	209.36
	4月25日	203.09
	4月30日	207.23
	5月6日	199.26
	5月29日	213.36

年份	日期	指数
	6月12日	207.52
	6月17日	211.46
	6月21日	198.98
	7月1日	208.59
	7月16日	199.48
	7月18日	203.46
	7月24日	194.33
	8月14日	205.01
	9月4日	173.64
	9月6日	181.67
	9月10日	166.56
	9月16日	176.26
	9月19日	164.09
	9月26日	175.45
	10月10日	161.61
	10月16日	177.05
	10月30日	160.49
	11月6日	175.00
	11月22日	162.29
	11月30日	170.66
	12月3日	166.20
	12月10日	177.21
	12月13日	172.57
	12月23日	178.54
	12月27日	173.88
1947年	1月7日	179.24
	1月16日	170.13
	2月10日	184.96
	2月26日	176.34
	3月6日	182.48
	3月15日	1月90
	3月24日	177.61
	3月26日	174.11
	3月28日	179.68
	4月15日	165.39
	4月23日	1月71
	4月29日	167.42
	5月5日	175.08
	5月19日	161.38
	6月23日	178.08

年份	日期	指数
	6月25日	173.93
	7月14日	187.15
	7月18日	182.51
	7月25日	187.66
	7月30日	179.77
	8月1日	184.38
	8月11日	178.22
	8月15日	181.58
	8月26日	176.54
	9月2日	180.56
	9月9日	174.02
	9月17日	179.37
	9月26日	174.42
	10月20日	186.24
	10月24日	181.55
	10月29日	184.70
	11月6日	180.61
	11月10日	182.70
	11月17日	179.57
	11月21日	183.97
	12月6日	175.44
	12月22日	181.78
	12月29日	177.93
1948年	1月5日	181.69
	1月14日	176.50
	1月17日	177.59
	1月26日	170.70
	2月2日	176.05
	2月11日	164.07
	2月17日	169.23
	2月20日	166.38
	3月3日	169.28
	3月17日	165.03
	4月23日	184.48
	4月29日	179.33
	5月15日	191.39
	5月19日	187.46
	6月14日	194.49
	6月28日	186.44
	7月12日	192.50

	7月19日	179.50
	7月28日	187.00
	7月30日	180.00
	8月5日	184.50
	8月11日	176.50
	9月7日	185.50
	9月21日	176.50
	9月24日	179.50
	9月27日	175.50
	10月26日	190.50
	10月29日	186.50
	11月1日	190.00
	11月10日	172.10
	11月19日	178.00
	11月30日	170.50
	12月13日	178.50
	12月17日	175.50
	12月30日	179.25
1949年	1月3日	174.50
	1月7日	182.50
	1月17日	177.75
	1月24日	182.50
	1月27日	177.50
	2月3日	180.75
	2月11日	171.00
	2月16日	175.50
	2月25日	170.50
	3月14日	177.75
	3月23日	174.50
	3月30日	179.15
	4月7日	175.25
	4月18日	177.50
	4月22日	172.50
	5月5日	177.25
	5月10日	173.50
	5月17日	176.25
	6月14日	160.62
	7月19日	175.00

平均指数的9点及其以上的摆动图

在绘制这种图表时，当市场正在上涨时，要把图表上的标记不断上移，一直到出现9个点或9个点以上的回调为止；当市场正在下跌时，要把图表上的标记不断下移，一直到出现至少9个点或更多点的反弹为止，这就是9点图上的逆转。只有当市场接近顶部或底部，或是出现了重要的趋势变化信号时，我们才记录少于9个点的运动。通过研究这种图表，我们就会发现市场经常发生9～10个点的运动；下一个要注意的重要幅度是运行18～20点个之间的运动；接下来是大约为30个点左右的运动；然后是大约45个点和50～52个点的运动。研究这些记录有助于我们判断一轮市场主要的长周期摆动的未来趋势和有助于我们进行长线交易的时候。在目前的所得税法下，我们必须学会长线交易，因为我们必须持有股票6个月甚至更长的时间。

以下给出的点数列表中，字母“A”代表一定点数的上涨；“D”代表从上一个最高点开始的一定点数的下跌①。

1912年

10月8日 ………… 94.12

1913年

6月11日 ………… 72.11　D　22.01
9月13日 ………… 83.43　A　11.32
12月15日 ………… 75.27　D　8.16

1914年

3月20日 ………… 83.43　A　816
12月24日 ………… 53.17　D　30.26

1915年

4月30日 ………… 71.78　A　18.61
5月14日 ………… 60.38　D　11.40
12月27日 ………… 99.21　A　38.83

1916年

7月13日 ………… 86.42　D　12.79
11月21日 ………… 110.15　A　23.73
12月21日 ………… 90.16　D　19.99

1917年

1月2日 ………… 99.18　A　9.02
2月2日 ………… 87.01　D　12.17
6月9日 ………… 99.08　A　12.07
12月19日 ………… 65.95　D　33.13

1918年

10月18日 ………… 89.09　A　23.14

1919年

2月8日 ………… 79.15　D　9.94
7月14日 ………… 112.23　A　33.08
4月20日 ………… 98.46　D　13.77
11月3日 ………… 119.62　A　21.16
11月29日 ………… 103.60　D　16.02

1920年

1月3日 ………… 109.88　A　6.28
2月25日 ………… 89.98　D　19.90
4月8日 ………… 105.65　A　15.67
5月19日 ………… 87.36　D　18.29
7月8日 ………… 94.51　A　7.15
8月10日 ………… 83.20　D　11.31
9月7日 ………… 89.75　A　6.55
12月21日 ………… 66.75　D　23.00

1921年

5月5日 ………… 80.03　A　13.28
6月20日 ………… 64.90　D　15.13
7月6日 ………… 69.86　A　4.96
8月24日 ………… 63.90　D　5.96

1922年

10月14日 ………… 103.43　A　39.53
11月14日 ………… 93.11　D　10.32

1923年

3月20日 ………… 105.38　A　12.27
10月27日 ………… 85.76　D　19.62

1924年

2月6日 ………… 101.31　A　15.55
5月14日 ………… 88.77　D　12.54
8月20日 ………… 105.57　A　16.80
10月14日 ………… 99.18　D　6.39

1925年

1月22日 ………… 123.60　A　24.42
2月16日 ………… 117.96　D　5.64
3月6日 ………… 125.68　A　7.72
3月30日 ………… 115.00　D　10.68
4月18日 ………… 122.02　A　7.02
4月27日 ………… 119.46　D　2.56
11月6日 ………… 159.39　A　39.93
11月24日 ………… 148.18　D　11.21

---

① 译注：平均指数的9点及其以上摆动图的数据中，D和A的数值是后一项数据与前一项数据的差。江恩原著中有一些数据错误，译者不再具体标注说明。

1926年

2月1日 ………… 162.31 A 14.13
3月3日 ………… 144.44 D 17.87
3月12日 ………… 153.13 A 8.69
3月30日 ………… 135.20 D 17.93
4月24日 ………… 144.83 A 9.63
5月19日 ………… 137.16 D 7.67
8月24日 ………… 166.64 A 29.48
10月19日 ………… 145.66 D 20.98
12月18日 ………… 161.86 A 16.20

1927年

1月25日 ………… 152.73 D 9.13
5月28日 ………… 172.56 A 19.83
6月27日 ………… 165.73 D 6.83
10月3日 ………… 199.78 A 34.05
10月22日 ………… 179.78 D 20.00

1928年

1月3日 ………… 203.35 A 23.57
1月18日 ………… 194.50 D 8.85
1月24日 ………… 201.01 A 6.51
2月20日 ………… 191.33 D 9.68
3月20日 ………… 214.45 A 23.12
4月23日 ………… 207.94 D 6.51
5月14日 ………… 220.88 A 12.94
5月22日 ………… 211.73 D 9.15
6月2日 ………… 220.96 A 9.23
6月12日 ………… 202.65 D 18.31
6月14日 ………… 210.76 A 8.11
6月18日 ………… 201.96 D 8.80
7月5日 ………… 214.43 A 12.47
7月16日 ………… 205.10 D 9.33
10月1日 ………… 242.46 A 37.36
10月3日 ………… 233.60 D 8.86
10月19日 ………… 259.19 A 25.59
10月22日 ………… 250.08 D 9.11
10月24日 ………… 260.39 A 10.31
10月31日 ………… 248.96 D 11.43
11月28日 ………… 299.35 A 50.39
12月3日 ………… 283.89 D 15.46
12月4日 ………… 295.61 A 11.72
12月10日 ………… 254.36 D 41.25

注释：这是从11月28日的229.35点下跌了44.99点，根据我们的交易规则之一，45个点的摆动幅度会到达阻力位。因此，这是回补空单并买进股票等待反弹的另一个原因。

1929年

1月3日 ………… 311.46 A 57.10
1月8日 ………… 292.89 D 18.57
1月25日 ………… 319.86 A 26.97
1月30日 ………… 308.47 D 11.39
2月1日 ………… 324.16 A 15.69
2月8日 ………… 298.03 D 26.13
2月13日 ………… 316.06 A 18.03
2月18日 ………… 293.40 D 22.66
3月1日 ………… 324.40 A 31.00
3月6日 ………… 302.93 D 21.47
3月15日 ………… 322.75 A 19.82
3月26日 ………… 281.51 D 41.24
3月28日 ………… 311.13 A 29.62
4月1日 ………… 294.11 D 17.02
4月5日 ………… 307.97 A 13.86
4月10日 ………… 295.71 D 12.26
4月23日 ………… 320.10 A 24.39
4月26日 ………… 311.00 D 9.10
5月6日 ………… 331.01 A 20.01
5月9日 ………… 317.09 D 13.92
5月11日 ………… 328.01 A 10.92
5月13日 ………… 313.56 D 14.45
5月15日 ………… 324.38 A 10.82
5月16日 ………… 314.51 D 9.87
5月17日 ………… 325.64 A 11.13
5月23日 ………… 300.52 D 25.12
5月24日 ………… 313.30 A 12.78
5月27日 ………… 291.80 D 21.50
5月29日 ………… 302.32 A 10.52
5月31日 ………… 290.02 D 12.30
6月7日 ………… 312.00 A 21.98

6月11日 ………… 301.22 D 10.78
6月18日 ………… 323.30 A 22.08
6月20日 ………… 314.32 D 8.98
7月8日 ………… 350.09 A 35.77
7月11日 ………… 340.12 D 9.97
7月12日 ………… 350.26 A 10.14
7月16日 ………… 339.98 D 10.28
7月17日 ………… 349.79 A 9.81
7月23日 ………… 339.65 D 10.14
7月24日 ………… 349.30 A 9.65
7月29日 ………… 336.36 D 12.94
8月5日 ………… 358.66 A 22.30
8月9日 ………… 336.13 D 22.53
8月26日 ………… 380.18 A 44.05
8月28日 ………… 370.34 D 9.84
9月3日 ………… 386.10 A 15.76
9月5日 ………… 367.35 D 18.75
9月7日 ………… 381.44 A 14.09
9月10日 ………… 364.46 D 16.98
9月12日 ………… 375.52 A 11.06
9月13日 ………… 359.70 D 15.82
9月19日 ………… 375.20 A 15.50
9月25日 ………… 344.85 D 30.35
9月26日 ………… 358.16 A 13.31
9月28日 ………… 341.03 D 17.13
10月2日 ………… 350.19 A 9.16
10月4日 ………… 320.45 D 29.74
10月8日 ………… 349.67 A 29.22
10月9日 ………… 338.86 D 10.81
10月11日 ………… 358.77 A 19.91
10月17日 ………… 332.11 D 26.66
10月18日 ………… 343.12 A 11.01
10月19日 ………… 321.71 D 21.41
10月22日 ………… 333.01 A 11.30
10月24日 ………… 272.32 D 60.69
10月25日 ………… 306.02 A 33.70
10月29日 ………… 212.33 D 93.69
10月31日 ………… 281.54 A 69.21
11月7日 ………… 217.84 D 63.70
11月8日 ………… 245.28 A 27.44
11月13日 ………… 195.35 D 49.93
11月20日 ………… 250.75 A 55.40
11月27日 ………… 233.39 D 17.36
12月9日 ………… 267.56 A 34.17
12月13日 ………… 239.58 D 27.98
12月14日 ………… 254.41 A 14.83
12月20日 ………… 227.20 D 27.21
12月21日 ………… 237.26 A 10.06
12月23日 ………… 226.39 D 10.87
12月27日 ………… 246.35 A 19.96
12月30日 ………… 235.95 D 10.40

1930年

1月10日 ………… 252.91 A 14.96
1月18日 ………… 243.37 D 9.54
2月13日 ………… 275.00 A 31.63
2月17日 ………… 265.29 D 9.71
2月19日 ………… 273.35 A 8.06
2月25日 ………… 259.78 D 13.57
3月10日 ………… 279.40 A 19.62
3月15日 ………… 268.97 D 10.43
3月21日 ………… 284.08 A 15.11
3月22日 ………… 274.63 D 9.45
4月16日 ………… 297.25 A 22.62
4月22日 ………… 284.28 D 12.97
4月23日 ………… 293.27 A 8.99
4月29日 ………… 272.24 D 21.03
4月30日 ………… 283.51 A 11.27
5月5日 ………… 249.82 D 33.69
5月7日 ………… 272.15 A 22.33
5月8日 ………… 257.74 D 14.41
5月14日 ………… 277.22 A 19.48
5月20日 ………… 260.76 D 16.46
6月2日 ………… 276.86 A 16.10
6月12日 ………… 241.00 D 35.86
6月13日 ………… 251.63 A 10.63
6月18日 ………… 212.27 D 39.36

6月20日 ………… 232.69 A 20.42
6月25日 ………… 207.74 D 24.95
7月1日 ………… 229.53 A 21.79
7月8日 ………… 214.64 D 14.89
7月18日 ………… 242.01 A 27.37
7月21日 ………… 228.72 D 13.29
7月28日 ………… 243.65 A 14.93
7月31日 ………… 229.09 D 14.56
8月5日 ………… 240.95 A 11.86
8月13日 ………… 214.49 D 26.46
9月10日 ………… 247.10 A 32.61
9月30日 ………… 201.95 D 45.15
10月3日 ………… 216.85 A 14.90
10月10日 ………… 186.70 D 30.15
10月15日 ………… 201.64 A 14.94
10月18日 ………… 183.63 D 18.01
10月20日 ………… 194.44 A 10.81
10月22日 ………… 181.53 D 12.91
10月28日 ………… 198.59 A 17.06
11月1日 ………… 181.26 D 17.33
11月3日 ………… 187.23 A 5.97
11月10日 ………… 168.32 D 18.91
11月15日 ………… 187.59 A 19.27
11月18日 ………… 177.63 D 9.96
11月21～25日 ………… 191.28 A 13.65
11月28日 ………… 178.88 D 12.40
12月2日 ………… 187.96 A 9.08
12月17日 ………… 154.45 D 33.51
12月18日 ………… 171.64 A 17.19
12月29日 ………… 158.41 D 13.23

1931年

1月7日 ………… 175.32 A 16.91
1月19日 ………… 160.09 D 15.23
1月23日 ………… 172.97 A 12.88
1月29日 ………… 164.81 D 8.16
2月26日 ………… 195.95 A 31.14
3月13日 ………… 175.89 D 20.06
3月20日 ………… 189.31 A 13.42
4日7日 ………… 166.10 D 23.21
4月14日 ………… 173.24 A 7.14
4月29日 ………… 141.78 D 31.46
5月9日 ………… 156.17 A 14.39
6月2日 ………… 119.89 D 36.28
6月5日 ………… 138.89 A 19.00
6月8日 ………… 127.96 D 10.93
6月9日 ………… 138.88 A 10.92
6月19日 ………… 128.64 D 10.24
6月27日 ………… 157.93 A 29.29
7月1日 ………… 147.44 D 10.49
7月3日 ………… 156.74 A 9.30
7月15日 ………… 134.39 D 22.35
7月21日 ………… 147.69 A 13.30
7月31日 ………… 133.70 D 13.99
8月15日 ………… 146.41 A 12.71
9月21日 ………… 104.79 D 41.62
9月23日 ………… 117.75 A 12.96
10月5日 ………… 85.51 D 32.24
10日9日 ………… 108.98 A 23.47
10月14日 ………… 96.01 D 12.97
10月24日 ………… 110.53 A 14.52
10月29日 ………… 98.19 D 12.34
11月9日 ………… 119.15 A 20.96
12月17日 ………… 71.79 D 47.36
12月19日 ………… 83.09 A 11.30

1932年

1月5日 ………… 69.85 D 13.24
1月14日 ………… 87.78 A 17.93
2月10日 ………… 70.64 D 17.14
2月19日 ………… 89.84 A 19.20
2月24日 ………… 79.57 D 10.27
3月9日 ………… 89.88 A 10.31
5月4日 ………… 52.33 D 37.55
5月7日 ………… 60.01 A 7.68
6月2日 ………… 43.49 D 16.52
6月15日 ………… 51.43 A 7.94
7月8日 ………… 40.56 D 10.87

8月8日 …………	71.49	A	30.93
8月13日 …………	60.89	D	10.60
9月8日 …………	81.39	A	20.50
9月15日 …………	64.27	D	17.12
9月22日 …………	76.01	A	11.74
10月10日 …………	57.67	D	18.34
10月20日 …………	66.13	A	8.46
11月3日 …………	57.21	D	8.92
11月12日 …………	68.87	A	11.66
12月3日 …………	55.04	D	13.83
1933年			
1日11日 …………	65.78	A	10.74
2月27日 …………	49.68	D	16.10
3月16日 …………	64.56	A	14.88
3月31日 …………	5490	D	9.66
4月20日 …………	75.20	A	20.30
4月21日 …………	68.64	D	6.56
6月13日 …………	97.97	A	29.33
6月17日 …………	89.10	D	8.87
7月18日 …………	110.53	A	21.43
7月21日 …………	84.45	D	26.08
7月27日 …………	97.28	A	12.83
7月31日 …………	87.Z5	D	9.53
8月25日 …………	105.60	A	17.85
9月6日 …………	97.74	D	7.86
9月18日 …………	107.68	A	9.94
10月3日 …………	91.93	D	15.75
10月9日 …………	100.58	A	8.65
10月21日 …………	82.20	D	18.38
12月11日 …………	103.97	A	21.77
12日20日 …………	93.70	D	10.27
1934年			
2月5日 …………	111.93	A	18.23
3月1日 …………	101.93	D	10.00
3月3日 …………	106.37	A	4.44
3月27日 …………	97.41	D	8.96
4月20日 …………	107.00	A	9.59
5月14日 …………	89.10	D	17.90
7月11日 …………	99.35	A	10.25
7月26日 …………	84.58	D	14.77
8月25日 …………	96.00	A	11.42
9月17日 …………	85.72	D	10.28
1935年			
1月7日 …………	106.71	A	20.99
1月15日 …………	99.54	D	7.17
2月18日 …………	108.29	A	8.75
3月18日 …………	95.95	D	12.34
5月28日 …………	117.62	A	21.67
6月1日 …………	108.64	D	8.98
9月11日 …………	135.05	A	26.41
10月3日 …………	126.95	D	8.10
11月20日 …………	149.42	A	22.47
12月16日 …………	138.91	D	10.51
1936年			
3月6日 …………	159.87	A	20.96
3月13日 …………	149.65	D	10.22
4月6日 …………	163.07	A	13.42
4月30日 …………	141.53	D	21.54
6月24日 …………	161.15	A	19.62
7月8日 …………	154.85	D	6.30
8月10日 …………	170.15	A	15.30
8月21日 …………	160.52	D	9.63
11月18日 …………	186.39	A	25.87
12月21日 …………	175.31	D	11.08
1937年			
3月10日 …………	195.59	A	20.28
3月22日 …………	179.28	D	16.31
3月31日 …………	187.99	A	8.71
4月9日 …………	175.86	D	12.13
4月22日 …………	184.33	A	8.47
4月28日 …………	168.77	D	15.56
5月5日 …………	176.81	A	8.04
5月18日 …………	166.20	D	10.61
5月24日 …………	176.25	A	10.05
6月14日 …………	163.73	D	12.52
8月14日 …………	190.38	A	26.65

9月13日 ………… 154.94 D 35.44
9月15日 ………… 165.16 A 10.22
9月24日 ………… 146.22 D 18.94
9月30日 ………… 157.12 A 10.90
10日6日 ………… 141.63 D 15.49
10月7日 ………… 150.47 A 8.84
10月19日 ………… 115.84 D 34.63
10月21日 ………… 137.82 A 21.98
10月25日 ………… 124.56 D 13.26
10月29日 ………… 141.22 A 16.66
11月8日 ………… 121.60 D 19.62
11月12日 ………… 135.70 A 14.10
11月23日 ………… 112.54 D 23.16
12月8日 ………… 131.15 A 18.61
12月14日 ………… 121.85 D 9.30
12月21日 ………… 130.76 A 8.91
12月29日 ………… 117.21 D 13.55

1938年

1月15日 ………… 134.95 A 17.74
2月4日 ………… 11713 D 17.82
2月23日 ………… 132.86 A 15.73
3月31日 ………… 97；6 D 35.40
4月18日 ………… 121.54 A 24.08
4月20日 ………… 112.47 D 9.07
4月23日 ………… 119.21 A 6.74
5月1日 ………… 109.40 D 9.81
5月10日 ………… 120.28 A 10.88
5月27日 ………… 106.44 D 13.84
7月25日 ………… 146.31 A 39.87
8月12日 ………… 135.38 D 10.93
8月24日 ………… 145.30 A 9.92
9月14日 ………… 130.38 D 14.92
9月21日 ………… 140.20 A 9.82
9月28日 ………… 127.85 D 12.35
11月10日 ………… 158.90 A 31.05
11月28日 ………… 145.21 D 13.69

1939年

1月5日 ………… 155.47 A 10.26
1月26日 ………… 136.10 D 19.37
3月10日 ………… 152.71 A 16.61
4月11日 ………… 120.04 D 32.67
6月9日 ………… 140.75 A 20.71
6月30日 ………… 128.75 D 12.00
7月25日 ………… 145.72 A 16.97
8月24日 ………… 128.60 D 17.12
8月30日 ………… 138.07 A 9.47
9月1日 ………… 127.51 D 10.56
9月13日 ………… 157.77 A 30.26
9月18日 ………… 147.35 D 10.42
10月26日 ………… 155.95 A 8.60
11月30日 ………… 144.85 D 11.10

1940年

1月3日 ………… 153.29 A 8.44
1月15日 ………… 143.06 D 10.23
4月8日 ………… 152.07 A 9.01
5月21日 ………… 110.61 D 41.46
5月23日 ………… 117.84 A 7.23
5月28日① ………… 110.51 D
6月10日 ………… 110.41 D 7.33
11月8日 ………… 138.77 A 28.36
12月23日 ………… 127.83 D 10.94

1941年

1月10日 ………… 134.27 A 6.44
2月19日 ………… 117.43 D 16.84
4月4日 ………… 125.28 A 7.85
5月1日 ………… 114.78 D 10.50
7月22日 ………… 131.10 A 16.32
12月24日 ………… 105.52 D 25.58

1942年

1月6日 ………… 114.96 A 9.44
4月28日 ………… 92.69 D 22.27

---

① 译注：本条目原注中并没有给出D的数值。这里的数据对应实际走势是一个双底形态，读者可以思考一下原著为什么不给出D值的原因。

1943 年

7 月 15 日 ………… 146.41 A 53.72
8 月 2 日 ………… 133.87 D 12.54
9 月 20 日 ………… 142.50 A 8.63
11 月 30 日 ………… 128.94 D 13.56

1944 年

7 月 10 日 ………… 150.88 A 21.94
9 月 7 日 ………… 142.53 D 8.35

1945 年

3 月 6 日 ………… 162.22 A 19.69
3 月 26 日 ………… 151.74 D 10.48
6 月 26 日 ………… 169.55 A 17.81
7 月 27 日 ………… 159.95 D 9.60
12 月 10 日 ………… 196.59 A 36.64
12 月 20 日 ………… 187.51 D 9.08

1946 年

1 月 17 日 ………… 205.03 A 17.52
1 月 21 日 ………… 195.52 D 9.51
2 月 4 日 ………… 207.49 A 11.97
2 月 13 日 ………… 197.65 D 9.84
2 月 16 日 ………… 205.35 A 7.70
2 月 26 日 ………… 184.05 D 21.30
4 月 18 日 ………… 209.36 A 25.31
5 月 6 日 ………… 199.26 D 10.10
5 月 29 日 ………… 213.36 A 14.10
6 月 21 日 ………… 198.98 D 14.38
7 月 1 日 ………… 208.59 A 9.61
7 月 24 日 ………… 194.33 D 14.26
8 月 14 日 ………… 205.01 A 10.68
9 月 4 日 ………… 173.64 D 31.37
9 月 6 日 ………… 181.67 A 8.03
9 月 10 日 ………… 166.56 D 15.11
9 月 16 日 ………… 176.26 A 9.70
9 月 19 日 ………… 164.09 D 12.17
9 月 26 日 ………… 175.45 A 11.36
10 月 10 日 ………… 161.61 D 13.84
10 月 16 日 ………… 177.05 A 15.44
10 月 30 日 ………… 160.49 D 16.56
11 月 6 日 ………… 175.00 A 14.51
11 月 22 日 ………… 162.29 D 12.71

1947 年

1 月 7 日 ………… 179.24 A 16.95
1 月 16 日 ………… 170.13 D 9.11
2 月 10 日 ………… 184.96 A 14.83
3 月 15 日 ………… 171.97 D 12.99
3 月 28 日 ………… 179.68 A 7.71
4 月 15 日 ………… 165.39 D 14.29
5 月 5 日 ………… 175.08 A 9.69
5 月 19 日 ………… 161.38 D 13.70
7 月 25 日 ………… 187.66 A 26.28
9 月 9 日 ………… 174.02 D 13.64
10 月 20 日 ………… 186.24 A 12.22

1948 年

2 月 11 日 ………… 164.09 D 22.15
6 月 14 日 ………… 194.49 A 30.40
7 月 19 日 ………… 179.50 D 14.99
7 月 28 日 ………… 187.00 A 7.50
8 月 11 日 ………… 176.50 D 10.50
9 月 7 日 ………… 185.50 A 9.00
9 月 27 日 ………… 175.50 D 10.00
10 月 26 日 ………… 190.50 A 15.00
11 月 30 日 ………… 170.50 D 20.00

1949 年

1月7日和24日 ………… 182.50 A 12.00
2 月 25 日 ………… 170.50 D 12.00
3 月 30 日 ………… 179.15 A 8.65
6 月 14 日 ………… 160.62 D 18.53
7 月 18 日高点 174.44，上涨了 13.82 个点

所有的9点及其以上的运动

1912年10月8日到1949年6月14日，在长达37年的时间内总共出现了464次9点或是9点以上的运动。大约平均每个月出现一次9点运动。这段期间市场还有54次少于9点运动的记录。

9～21点之间的运动总共有271次，比例超过了总数的50％。

21～31点之间的运动共有61次，约占总数的1/4。

31～51点之间的运动共有36次，约占总数的1/8。

超过51点的运动仅出现了6次，而且都发生在1929年。那段时间出现了历史上最疯狂的市场。

以上这些数字证明，大部分重要的趋势运动在9～21点之间运动。这对于判断趋势是最重要的。

不足9个点的运动就相对没那么重要了。如果平均指数从一个最低点开始的反弹没能超过9个点，这是市场处于弱势的信号，表明市场还会继续走低；在上涨的市场中适用同样的规则，当平均指数回调少于9个点，就表明市场非常强势，平均指数将会继续走高。

在正常情况下，当主要趋势掉头向上，并且平均指数上涨了10个点或者更多，就表明平均指数还能继续上涨到20个点，甚至更多。

熊市开始后，平均指数下跌了超过10个点时，这表明平均指数还将继续下跌到20个点，甚至更低。在平均指数运动超过21个点后，下一个需要重点观察的点数就是从极限高点或极限低点开始后的30～31个点的位置，这是因为在逆向运行10个点或更多点的运动发生前，只有很小的比例出现超过31个点的运动[①]。

30个点的运动的例子

1938年3月15日的最高点为127.50点，3月31日极限低点为97.50

① 译注：江恩这里的意思是，幅度30～31个点的运动很少会直接走完，通常中间会出现10个点左右的逆向运动。

点——刚好30个点的下跌。

1938年9月28日的最低点为127.50点，11月10日到达全年的最高点158.75点——上涨31.25个点。

1939年9月1日的最低点为127.50点。希特勒在这天发动了战争。

1939年9月13日形成了当年的极限高点157.50点，正好上涨了30个点。

1946年2月4日的最高点为207½点，2月24日最低点184.04点——几乎下跌了24点。

1948年2月11日的最低点为164.04点，6月14日形成当年的最高点194.49点——上涨30.40个点。

1949年6月14日的最低点为160.62点——从1948年的最高点下跌了33.87个点。

从上述这些数字中可以看出，30个点左右经常指明了特定运动的极限高点或极限低点。在市场正常的情况下更是如此。当市场处于异常时，比如1928年、1929年和1930年，运动幅度远远大于30个点。那是因为当时平均指数非常之高并且波动的范围非常宽。这些都是发生在市场非正常的时期。我们不要指望当前条件下的市场运动能与非正常时期的运动相提并论。

第八章　出现极限高点和极限低点的月份记录

股票根据季节变化而运动。无论是牛市运动、主要运动，还是小型运动，极限高点通常会出现在特定的月份，因此回顾这些重要运动结束时的极限高点是在什么时间形成的就十分重要。

1881年1月和6月最高点	1923年3月
1886年12月	1929年9月
1887年4月	1930年4月
1890年5月	1931年7月
1892年3月	1932年9月
1895年9月	1933年7月
1897年9月	1934年2月
1899年4月和9月	1937年3月
1901年4月和6月	1938年1月
1906年1月	1938年11月
1909年10月	1939年9月
1911年2月和6月	1940年11月
1912年10月	1941年7月和9月
1914年3月	1943年7月
1915年12月	1946年5月
1916年11月	1942年2月、7月和10月
1918年10月	1948年6月
1919年11月	1949年1月

从以上列表可以看出，在1881年到1949年之间，股市共发生了35次摆动或是牛市行情[①]。下面给出了月份列表，显示出每个月份形成顶部或最高点的次数。

1月——出现4个最高点

2月——出现4个最高点

3月——出现4个最高点

4月——出现4个最高点

5月——出现2个最高点

6月——出现4个最高点

7月——出现4个最高点

8月——没有出现最高点

9月——出现8个最高点

10月——出现4个最高点

11月——出现4个最高点

12月——出现2个最高点

从以上数据可知，在35次摆动中，有8个顶部是在9月份形成的。因此，当牛市已经持续了相当长的一段时间时，9月份是观察出现顶部的非常重要的月份。1月份、2月份、3月份、4月份、6月份、7月份、10月份和11月份都分别形成过4个顶部。5月份和12月份都分别形成了2个顶部。8月份的数据表明没有一次重要的牛市在8月份形成最终最高点的。这些数字给了我们一个指示，告诉我们大型牛市或小型牛市会在哪些月份结束。

出现过极限低点的月份

当处于熊市或股市下跌时，某些月份比其他月份形成底部的次数更多。因此，知道什么时候到达极限低点是非常重要的。我给出了下面的数据：

1884年6月	1890年12月
1888年4月	1893年7月

① 译注：原文中少了一个单词Bull，但是根据上下文的逻辑关系，应当是遗漏了。

1896年8月	1930年12月
1898年3月	1932年7月
1900年9月	1933年2月
1901年1月	1933年10月
1903年11月	1934年7月
1907年11月	1937年11月
1910年7月	1938年3月
1911年7月	1939年4月
1913年6月	1940年5月和6月
1914年12月	1941年5月
1916年4月	1942年4月
1917年12月	1943年11月
1919年2月	1946年10月
1921年8月	1947年5月
1923年10月	1948年7月和3～11月
1929年11月	1949年6月

从上面的数字可以看出共有36轮的下跌或熊市运动。这些运动到达最终底部在特定月份的次数如下：

1月——1次（极限低点）。

2月——3次。

3月——2次。

4月——4次。

5月——3次。

6月——4次。

7月——5次。

8月——2次。

9月——1次。

10月——3次。

11月——6次。

12月——4次。

我们请注意，熊市行情有 6 次是在 11 月份结束的，有 5 次在 7 月份结束。因此当股市下跌了相当长的一段时期，我们可以预估很有可能是在 7 月份或是 11 月份到达最终的最低点。其次出现最低点次数较多的月份是 4 月份、6 月份和 12 月份。这些月份观察下跌结束的重要性仅次于 7 月和 11 月。

在 36 次运动中，只有 1 次的最低点是在 1 月份和 9 月份形成的。因此，这些月份对熊市运动的结束并不重要。3 月份也仅出现过 2 次极限低点。如果市场已下跌了一段时间，那么你可估计 4 月份出现极限低点的可能性比 3 月份大。如同工业股平均指数和公用事业股平均指数结合起来研究一样，我们也可以结合个股来研究过去的时间周期。

每年形成最高点和最低点的月份

保留一份关于每个日历年内出现极限高点和极限低点时间的记录是非常重要的。以下给出的就是出现过最高点和最低点的月份列表，表中 1897 年后的记录给出了极限高点和极限低点的精确日期。

	最高点	最低点
1881 年	1 月和 5 月	2 月、9 月和 12 月
1882 年	9 月	1 月和 11 月
1883 年	4 月	2 月和 10 月
1884 年	2 月	6 月和 12 月
1885 年	11 月	1 月
1886 年	1 月和 12 月	5 月
1887 年	5 月	10 月
1888 年	10 月	4 月
1889 年	9 月	3 月
1890 年	5 月	12 月
1891 年	1 月和 9 月	7 月
1892 年	3 月	12 月
1893 年	1 月	7 月 26 日（极限最低点）
1894 年	4 月和 8 月	11 月
1895 年	9 月	12 月
1896 年	4 月 17 日	8 月 8 日

1897年　9月10日　4月19日
1898年　8月26日和12月17日　3月25日
1899年　4月4日和9月2日　12月18日、6月25日和9月24日
1900年　12月27日　12月24日
1901年　6月3日
1902年　4月18日和9月19日　12月15日
1903年　2月16日　11月9日
1904年　12月5日　2月9日
1905年　12月29日　1月25日
1906年　1月19日　7月13日
1907年　1月7日　11月15日
1908年　11月13日　2月13日
1909年　10月2日　2月23日
1910年　1月22日　7月26日
1911年　2月4日和6月14日　9月25日
1912年　9月30日　1月2日
1913年　1月9日　6月21日
1914年　3月20日　12月24日
1915年　12月27日　1月24日
1916年　11月25日　4月22日
1917年　1月2日　12月19日
1918年　10月18日　1月15日
1919年　11月3日　2月8日
1920年　1月3日　12月21日
1921年　5月5日　8月24日
1922年　1月5日　10月14日
1923年　3月20日　10月27日
1924年　11月18日　5月14日
1925年　11月6日　3月6日
1926年　8月14日　3月30日
1927年　12月20日　1月25日

1928 年	12 月 31 日	2 月 20 日
1929 年	9 月 3 日	11 月 13 日
1930 年	4 月 16 日	12 月 17 日
1931 年	2 月 24 日	10 月 5 日
1932 年	3 月 9 日	7 月 8 日
1933 年	7 月 18 日	2 月 27 日和 10 月 21 日
1934 年	2 月 5 日	7 月 26 日
1935 年	11 月 8 日	3 月 18 日
1936 年	12 月 15 日	4 月 30 日
1937 年	3 月 10 日	11 月 23 日
1938 年	11 月 10 日	3 月 31 日
1939 年	9 月 13 日	4 月 11 日
1940 年	1 月 3 日	6 月 10 日
1941 年	1 月 10 日	12 月 24 日
1942 年	12 月 28 日	4 月 28 日
1943 年	7 月 15 日	1 月 7 日
1944 年	12 月 16 日	2 月 7 日
1945 年	12 月 10 日	1 月 24 日
1946 年	5 月 29 日	10 月 30 日
1947 年	7 月 25 日	5 月 19 日
1948 年	6 月 14 日	2 月 11 日
1949 年	1 月 7 日	6 月 14 日

极限高点出现的次数

1 月——69 年中有 14 次最高点

2 月——69 年中有 5 次最高点

3 月——69 年中有 5 次最高点

4 月——69 年中有 6 次最高点

5 月——69 年中有 5 次最高点

6 月——69 年中有 3 次最高点

7 月——69 年中有 3 次最高点

8 月——69 年中有 3 次最高点

9 月——69 年中有 10 次最高点

10 月——69 年中有 3 次最高点

11 月——69 年中有 8 次最高点

12 月——69 年中有 13 次最高点

从以上数据中可以看出，1 月份出现过 14 次最高点，12 月份出现过 13 次。因此，当市场已经上涨相当长的一段期间，最高点在 12 月或 1 月形成的百分比就非常大。9 月份出现过 10 次最高点，重要性仅仅次于 12 月和 1 月。因此当价格上涨了一段时间后，密切注意很可能在 9 月份见顶或出现趋势变化。下一个最高点出现次数比较多的是 11 月份——8 次。随后是是 3 月、4 月和 5 月，最高点分别出现过 5 次、6 次和 5 次。6 月、7 月、8 月和 10 月份都只形成了 3 次最高点。因此，我们不要对这些月份出现极限高点抱有太多的期望。

到达极限低点的次数

1 月——69 年中有 9 次极限低点

2 月——69 年个有 10 次极限低点

3 月——69 年中有 6 次权最低点

4 月——69 年中有 6 次极限低点

5 月——69 年中有 3 次极限低点

6 月——69 年中有 5 次极限低点

7 月——69 年中有 6 次极限低点

8 月——69 年中有 2 次极限低点

9 月——69 年中有 2 次极限低点

10 月——69 年中有 7 次极限低点

11 月——69 年中有 6 次极限低点

12 月——69 年中有 13 次极限低点

从以上数据可以看出，12 月份和来年的 2 月份出现最低点的次数最多。因此，12 月和 2 月这两个月份就是观察最低点或趋势发生变数非常重要的月份。接下来是 1 月，出现过 9 次最低点，以及 10 月——7 次。3 月、4 月和 11 月都出现过 6 次。5 月——3 次，8 月和 9 月——2 次，这几个月出现最低点的次数最少。

如果同时考虑最高点和最低点出现的次数，可以发现在过去的 69 年里，9 月、12 月、1 月和 2 月到达最高点和最低点的次数最多。在上涨或下跌一段相当长的时间周期后，这几个月就是最重要的月份，一定要注意观察趋势是否向任何一个方向变化。查阅过去出现最高点和最低点的月份记录，能够帮助我们判断趋势会在什么时间出现变化。我们还应该研究过去的每个月形成最高点和最低点的确切日期，并在相同的日期附近注意观察趋势变化的信号。

道琼斯 30 种工业股平均指数的时间摆动

1912 年 10 月 8 日到 1949 年 6 月 14 日。下面的摆动记录大多数是短时间周期内的快速上涨或是快速下跌的主要摆动，总共有 292 次。

3～11 天——41 次摆动处于这个时间周期内，约占总数的 1∶7。

11～21 天——45 次摆动处于这个时间周期内，约占总数的 1∶4½。

22～35 天——45 次摆动处于这个时间周期内，约占总数的 1∶4½。

有 130 次摆动处于 11 天到 35 天这个时间周期内，占总数的1/3以上。因此这个时间周期就非常重要，要注意观察任何可能的极限高点或极限低点。

持续了 36～45 天的运动有 31 次，约占总数的 1∶9½。

43～60 天的运动有 33 次，约占总数的 1∶9。

61～95 天的运动有 20 次，约占总数的 1∶14½。

96～112 天的运动有 13 次，约占总数的 1∶22½。

持续时间超过了 112 天的运动有 12 次，约占总数的 1∶22。

这些关于时间周期的知识将有助于我们其他交易规则的运用，以及判断趋势什么时间出现变化。

第九章　比较6月的最低点，并预测未来最高点

1949年6月14日，道琼斯30种工业股平均指数下跌到了160.62点。就在我撰写此书的时候（1949年7月19日）已上涨到了175点上方。假设结果证明1949年6月14日的价位就是最低点，并作为牛市的起始点。通过比较以往各年6月份的最低点以及随后的运动，我们可以获得线索，预测市场未来可能出现的变化。

1913年6月11日，最低点为72.11点；9月13日，最高点为83.43点，上涨持续了3个月。

1914年3月20日，最高点为83.49点；9月13日又到达最高点，形成双顶。此次上涨从1913年6月的最低点开始，持续了9个月。主要趋势从1914年3月起调头向下，在6月为81.84点，比双顶略低。从这个位置开始[①]，下跌在1914年12月的恐慌中结束，平均指数下跌到了53.17点。

1921年6月20日，最低点为66点。这是熊市的第一个底。

1921年8月24日，最低点为64点。这是最终的最低点，牛市开始。

1923年3月20日，最高点为105.25点。21个月内上涨了41个点。一直持续到1929年的大型牛市的第一阶段结束。

1930年6月25日，最低点为208点；这是熊市第一年的一

① 译注：9月3日的83.43点。

个最低点，因此不能指望能开始一轮牛市了。

9月10日，最高点为247点，在77天内上涨39个点。这是熊市中唯一的一次反弹。

1937年6月14日，最低点为163.75点。

8月14日，最高点为190.50点。在61天上涨了36.75个点。这仅是熊市中的一个反弹，因为牛市已在1937年3月结束。

1940年6月10日，最低点为110.50点。

11月8日，最高点为138.50点。在147天上涨了28个点。这是熊市中的一次反弹。之后就再没在6月份出现过重要的最低点，一直到1949年6月14日，这次下跌从1948年6月14日开始并持续了一年。

通过使用以上这些在6月份形成最低点的时间周期，最值得参考的是1921年6月的最低点，因为它出现在持续了20个月左右的熊市的结束点。因此，把1921～1923年的时间周期加在1949年6月14日上，估算出1951年3月14日可能是一轮牛市开始的时间。假设从1949年6月14日起，熊市只会有一次反弹，那么时间周期就可能于8月14日、31日或是12月27日耗完。与以前的时间周期相比，其他周期将于1950年4月和1950年6月耗完。

1945年7月27日，这个最低点距离1949年7月27日是48个月。

1949年8月27日，49个月，与1938～1942年的最低点、1942年4月至1946年5月最高点的时间周期都相同。

1949年7月27日对于趋势转变是非常重要的。因此，如果那时趋势向上，或在那之后不久趋势掉头向上，就说明指数继续大幅走高。

1938年11月10日，最高点158.75点。1942年4月28日形成了最终最低点。极限高点到极限低点之间大约是42个月。1945年，平均指数穿越了158.75点，此前一直在这个点位下方停留了6年零3个月。现在，指数已在158.75点之上维持了50个月。因此，如果现在跌破到160点下方，就预示还会大幅下跌，因为维持在高位的时间已经很长了。

考虑到平均指数在1946年5月29日到达极限高点，现在又在53个点范围内运行了37个月，并且没有跌破历时5个月的首次下跌在1946年10月30日形成的最低点，因此，如果平均指数在这个低位上方维持了很长一段时间之后上涨并进入了一种强势形态，可能就意味着一轮长期的上涨，市场可能将大幅走高。

周年纪念日

我撰写这本《江恩华尔街 45 年》的目标是提供一些关于时间周期的全新而有价值的交易规则，这些交易规则可以帮助指导我们判断未来的最高点或是最低点。如果我们研究并运用这些交易规则，那么它们将会非常有价值。

我在研究工作中发现，在股价上涨到极限高点或是下跌到极限低点的月份里，趋势往往会产生重要的变化。这样的月份被称为周年纪念日。每年的这些重要日子，都得留心观察是否会出现重要的趋势变化。

1929 年 9 月 3 日，历史最高点。

1932 年 7 月 8 日，平均指数到达自 1897 年以来的最低点。这导致每年的这两天成为了观察转势的重要日子。以下记录能证实这些纪念日的价值。

1930 年 9 月 30 日，大跌前最后一个最高点。

1931 年 8 月 29 日，一次大跌开始。这仅比 9 月 3 日周年纪念日提前 5 天。

1932 年 7 月 8 日，极限低点。

1932 年 9 月 8 日，牛市第一次反弹的最高点。

1933 年 7 月 18 日，当年最高点。9 月 18 日，次级反弹的最高点，随后是一次下跌。

1934 年 7 月 26 日，当年最低点。9 月 17 日，上涨前的最后一个最低点。

1935 年 7 月 22 日，上涨运动形成新高。下调至 8 月 2 日，又开始涨。

1935 年 9 月 11 日，到那时为止当年最高点。下跌至 10 月 3 日，然后突破 9 月 11 日的最高点，继续上涨。

1936 年 7 月 28 日，到那时为止当年最高点，下调而后继续上涨。

1936 年 9 月 8 日，最高点，9 月 17 日下调，然后继续上涨。

1937 年 7 月，没有重要的顶部或底部。

1937 年 9 月 15 日，反弹的最后一个最高点，一次大跌紧随其后。

1938 年 7 月 25 日，一次大回调的最高点。9 月 28 日，大涨前的最后一个最低点。

1939 年 7 月 25 日，回调开始的最高点，回调至 9 月 1 日结束。

1939 年 9 月 1 日，最低点，9 月 13 日，最高点，涨幅达 30 个点。

1940 年 7 月 3 日，最后一个最低点，之后上涨了 20 个点。9 月 13 日，最后一个最低点，之后一直上涨到 11 月 8 日。

1941 年 7 月 22 日，最后一次反弹的最高点。9 月 18 日，大跌前的最后一个最高点。

1942 年 7 月 9 日和 16 日，回调前的最后一个最高点。9 月 11 日，大涨之前的最后一个最低点。

1943 年 7 月 15 日，最高点，之后下跌 13 个点。9 月 20 日，最高点，之后一直下跌到 11 月 30 日。

1944 年 7 月 10 日，最高点，之后回调至 9 月 7 日。

1944 年 9 月，一轮大型向上摆动前的最后一个最低点。

1945 年 7 月 27 日，最后一个最低点，159.95 点。直到撰写到这里的 1949 年 7 月 2 日，这个最低点还没有被跌破。

1945 年 9 月 17 日，一轮大型向上摆动前的最低点。

1946 年 7 月 1 日，大跌前的最后一个最高点。

1946 年 9 月 6 日，一次小反弹的顶，之后下跌到 10 月 30 日。

1947 年 7 月 25 日，下跌前最后一个最高点。9 月 9 日和 26 日，最后两个最低点，之后上涨 10 月 20 日。

1948 年 7 月 12 日，最后一个最高点，之后下跌到 9 月 27 日。

1948 年 9 月 27 日，最后一个最低点，市场随后反弹至 10 月 26 日。

1949 年，观察 7 月 8 日、15 日、25 日和 28 日，可能出现重要转势。

9 月 2～10 日、15 日以及 20～27 日。重要的日子，要注意观察趋势变化。

每年都要观察这些周年纪念日，还要注意其他那些形成极限高点和极限低点的日期。就像 1937 年 3 月 8 日、1938 年 3 月 31 日、1942 年 4 月 28 日、1946 年 3 月 29 日等等。如果你肯花时间研究并比较时间周期，同时遵循所有其他的规则，你就会发现这对于判断未来趋势的变化有巨大价值。

重要的新闻事件

每当宣布重要新闻时，诸如战争开始与结束，总统就职典礼和选举那几天，在新消息发布传播的时刻要考虑个股平均价格、趋势是否已经向上或向下，以及这些重要新闻发布之后股价的变动是非常重要的。

1914年7月30日，战争开始。道琼斯工业股平均指数71.42点。12月24日，极限低点53.17点。

1915年4月30日，最高点71.78点，到达了战争爆发时的水平。接着出现了一次回调，到5月14日最低点是60.38点。6月22日，平均指数再次到达71.90点。从这个水平起，微调到7月9日，最低点67.88点，随后突破了战争开始时的最高点，并不断上涨创出新高。

1918年11月11日，第一次世界大战结束。平均指数于11月9日到达最后的最高点88.07点，在1919年3月第一次突破这个高位，在1919年11月3日涨到新的最高点119.62点。

下一个重要的战争日期是1939年9月1日，最低点127.51点，9月13日，最高点157.77点。我们给出的阻力位出现于127～130点左右。

1939年8月24日，128.60点。9月1日，127.51点。

1940年8月12日，最高点127.55点。9月13日，最低点127.32点。12月23日，最低点127.83点。

1941年7月27日，最低点126.75点。9月30日，最高点127.31点。

1943年2月2日，最低点126.38点。3月22日，最低点128.67点。4月13日，最后的最低点129.79点。4月30日，大涨之前的最后一个低点是128.94点。

平均指数为什么会那么多次在相同价格上下出现最高点和最低点往往是有原因的，这是因为在这些水平附近存在某些百分比的点位。

1896年，最低点28.50点。加上350%，128.25点。

1921年，最低点64点。加上100%，128点。

1929年，最高点386.10点。其1/3为128.70点。

1929年最高点386.10点至1932年最低点40.56点，该范围的1/4是126.70点。

1932年最低点40.56点至1946年最高点213.36点，该范围的1/2是

126.96 点。

1937 年最高点 195.59 点。它的2/3是 130.32 点。

1937 年最高点 195.59 点至 1938 年最低点 97.46 点，该范围的1/3是 130.17 点。

1942 年最低点 92.69 点至 1937 年最高点 195.59 点，该范围的3/8是 130.40 点。

在这些价位附近有 8 个阻力位或百分比点位，市场在这些价位附近 11 次形成顶部和底部。这就能显示出从每个重要的最高点或最低点计算百分比点位和阻力位的重要性了。

阻力位：193～196 点

1929 年 11 月 13 日，最低点 195.35 点。

1931 年 2 月 24 日，最高点 196.96 点。

1937 年 3 月 10 日，最高点 195.59 点。

1948 年 6 月 14 日，最高点 194.49 点。

有 4 个重要的顶部和底部在该点位附近。原因如下：

1929 年，最高点 386.10 点，它的1/2是 193.05 点，这是一个很重要的阻力位。

1921 年，最低点 64 点，加上 200%得到 192 点。

1930 年 4 月 16 日最高点 297.25 点到 1942 年最低点 92.69 点，1/2为 194.97 点。

1932 年最低点 40.56 点，加上 375%得到 192.66 点。

1945 年 7 月 27 日最低点 159.95 点至 1946 年 5 月 29 日 213.36 点，2/3是 195.56 点。

1939 年 9 月 1 日最低点 127.51 点，加上 50%得到 191.26 点。

1939 年最低点 127.51 点至 1942 年最低点 92.69 点，加上该范围的 200%，也就是 92.69 点，得 197.15 点。

1945 年 3 月 26 日，最低点 151.74 点。这是平均指数上涨到新高之前的最后一个最低点。

最后的最高点 213.36 点，2/3是 192.74 点。这里给出了 8 个重要的阻力位，并显示出为什么平均指数会在这些水平附近形成 3 次重要的高点和

1次重要的低点。如果牛市持续到1949年或是1950年，在突破196点后并在此点位之上收盘，就表明了平均指数将继续走高，（我们就应该注意）下一个重要的阻力位。

1941年12月7日，对日战争开始

12月7日，星期天，日本袭击了珍珠港。12月6日，道琼斯平均指数的最低点115.74点，收盘价为116.60点，12月8日，最高点115.46点。之后再没有出现新高，直到1942年4月28日到达极最低点92.69点。因此，12月8日的最高点是一个重要的点位，当平均指数突破该点就表明市场将继续走高。

1943年10月13日，最高点115.80点，位于1941年12月6日最低点和12月8日最高点。1943年10月28日，最低点112.57点，15天内仅回调了3个点，预示着强劲的上升趋势。

1943年11月9日，最高点118.18点。平均指数穿越了1941年12月8日的最高点，预示着平均指数将继续走高。接下来的回调于12月24日形成了最低点113.46点，45天内下跌了不到5个点，低于战争开始时的最低点不到3个点。这是获得良好的支撑信号，表明随后市场将继续走高。上涨继续，平均指数在1945年2月穿越了德国发动战争时（1939年9月1日）的最低点127.51点。

1945年5月6日，对德战争结束，平均指数继续上涨。6月26日，最高点169.15点。这比1938年的最高点高了10个点，还穿越了158～163点之间的所有阻力位，这是平均指数将继续走高的确切标志。

1945年7月27日，最低点159.95点，31天内下跌了不到10个点，在强阻力位站稳预示着更高点数。

1945年8月13日，对日战争结束。最后的最低点出现于8月9日，平均指数为161.15点，使得159.95点和161.13点成为重要的支撑位，因为它们出现在战争的末期，并且在1938年的最高点之上，3次下跌都没能跌破160点。这些例子用来向你证明，计算出从所有重要的顶部和底部开始的阻力位和百分比点位的重要性，这将有助于你判断下一个顶部或底部可能出现的位置。运用所有的时间规则、3日图和9点摆动图来帮助你判断未来买进或卖出的时间和价格。所有的规则对平均指数和个股都同样

适用。

阻力位：158～163点

这些记录证明了对于用极限高点显示出的顶部和用极限低点显示出的底部[①]是非常重要的。

1937年6月14日，最低点163.75点。

1938年11月10日，最高点158.90点。

1939年9月13日，最高点157.77点。

1945年3月6日，最高点162.22点。

1945年7月27日，最低点159.95点。

1946年10月30日，最低点160.49点。

1947年5月19日，最低点161.38点。

1949年6月14日，最低点160.62点。

在这些点数附近一共有3个最高点和5个最低点。从1946～1949年的最后3个重要的底部出现于这些点数附近，市场每次都在此获得支撑并反弹。以下我们会给出百分比点位，以说明为什么在这些点数附近会出现支撑位和买进点，或是阻力位和卖出点。为什么顶部和底部这样多次出现在相同点数附近，这通常是有数学证据的。

1896年的最低点28.50点至1929年最高点386.10点，这个区间的3/8是162.60点。

1921年的最低点64点加上150%是160点。

1932年的最低点40.56点至1937年最高点195.59点，这个区间的3/4是156.84点。

1932年的最低点40.56点加上300%是162.24点。

1932年9月8日的最高点81.39点加上100%是162.78点。

1933年10月21日的最低点82.20点加上100%是164.40点。

1938年3月31日的最低点97.64点至1937年的最高点195.59点，这个区间的5/8是158.90点，正好是1938年11月10日的最高点。

---

① 译注：在江恩技术中，顶部、最高点和极限高点往往是指不同的技术形态。这里是指顶部是用极限高点表示的。随后的数据，应该指的是极限高点和极限低点。

1939年9月1日的最低点127.51点至1942年4月28日的最低点92.69点，这是从战争开始到随后出现极限低点之间的时间段，下跌了34.82个点，加上127.51点是162.33点。

1945年3月26日的最低点151.74点至极限高点213.36点，这个区间的3/8是159.47点。

1946年的最高点213.36点的75%[①]是160.02点。

这里显示了10个阻力位，证明了为什么市场会有8次在这些点数附近见顶或是见底。1939年6月13日平均指数第3次到达此点位，到撰写到这里（7月18日）时，已反弹到174.40点，这表明平均指数处于强势形态。但是如果在160点以下收盘就将是点数将走低的明确标志，因为这将是第4次。根据我们的规则，市场将继续下跌。

① 译注：原书是25%。

第十章　纽约证券交易所的成交量——对牛市和熊市的回顾

这些成交量是《江恩测市法则》的延续，将成交量延展到了1949年6月30日。

从1932年7月8日开始的牛市，持续到了1937年3月10日，平均指数上涨了155个点。

1936年，成交量仍然很大，1月份和2月份的成交量最大。1936年总成交量为49613.8万股。

1937年，前3个月的成交量很大，1月份达成了当年最高的成交量。从3月下跌开始后，成交量减少到了8月份的1721.3万。在10月的大突破中，成交量超过了5100万股。1937年总成交量40946.5万股，比1936年少了很多。

1938年3月31日，到达了最终的最低点，与1937年见顶的时间相差1年多一点儿。这轮熊市总成交量为31187.6万股。

1938年4月至1938年11月10日，在这轮小牛市中上涨了61个点，总成交量为20829.6万股。10月成交量为4155.5万股，为当年的最大月成交量，也是自1937年3月以来最大的月成交量。这是顶部的信号，表明了公众在上涨时过度买进。就像我在这本新书《江恩华尔街45年》中所解释的，平均指数正好到达了阻力位。

从1938年11月的最高点开始下跌，一直到1939年4月11日，下跌了39个点。这期间的成交量为11135.7万股。1939年3月的成交量为2456.3万股，4月份成交量减少，并在6月达到了当年的最低值。

1939年5月至1939年9月，总共上涨了37个点。这个期间的总成交量为11742.3万股。战争在9月1日爆发，从9月1日到13日上涨了30个点。9月份的成交量是5708.9万股。这是1937年1月以来的最大成交量，这表明公众在上涨时过度买进，而内部人士正在卖出。平均指数没能穿越1938年11月10日的最高点，这是顶部的信号，也是一个卖出点。巨大的成交量总是意味着顶部。

1939年9月至1942年4月28日，平均指数下跌了64个点，总成交量为46599.6万股。1940～1941年，成交量继续减少。1936年成交量49613.8万股，1941年只有17060.4万股，表明股票套现已经完成。在1942年2月、3月和4月期间，成交量大约为800万股或是略微少点儿。这说明股票套现已经结束，市场正在为上涨到更最高点数奠定基础。

1942年5～8月，每月平均成交量持续低于800万股，这表明在股票套现阶段的市场买盘很小。当年后期，尽管成交量有所增加，但1942年的总成交量是多年以来最低值，仅为12565.2万股。

1943年，成交量大幅增加，为27800万股。

1944年，26300万股。

1945年，市场继续上涨，总成交量为37500万股，为1938年以来成交量最大的一年。这样巨幅的成交量表明牛市接近尾声。

1946年1月的成交量为5151万股，这是1937年3月以来最大的月成交量，这是临近顶部的标志。在2月初形成最高点之后，1946年5月29日，平均指数仅仅比第一个最高点多了5个点就达到了最终的最高点。

这轮牛市从1942年2月28日开始，到1946年5月29日结束，一共上涨了120个点。这个期间的总成交量是117900万股。在上涨的最后1年内成交量增幅巨大，表明牛市结束了。1946年6月至10月30日，平均指数下跌了53个点，成交量13695.5万股。这是短时间周期内的一次大幅下跌，而6月、7月和8月的成交量都在2000万股左右。

9月，市场快速（向下）突破，成交量超过了4300万股；10月见底，成交量为3000万股。这之后，成交量持续减少。

1946年10月30日至1947年2月，一共上涨了27个点。成交量刚好超过了10亿股。

1947年3月至5月19日，市场下跌了27个点，成交量为6057.6万股。市场在5月期间到最低点时成交量减少到2000万股，表明股票套现的压力并不是很沉重。

1947年5月19日至7月25日，平均指数反弹了大约28个点，总成交量达4295.6万股。7月的成交量为2547.3万股，是全年最大的月成交量，这表明公众再次在顶部买进，接下来必然会回调。

1947年7月25日至1948年2月11日，平均指数下跌了25个点左右，总成交量是13979.9万股。2月的成交量还不到1700万股，是几个月来的最少量。市场此时变得非常沉闷和狭窄，并且成交量也很小，这表明抛压并不沉重，因此反弹的时间到了，尤其是平均指数在1947年5月更高的位置止跌并获得了支撑。

1948年2月11日至1948年6月14日，上涨了30个点，总成交量13129.6万股。2月的成交量略低于1700万股，5月的成交量4276.9万股。这是1946年9月以来的最大月成交量。平均指数上涨到先前的老卖出点并出现巨大的成交量，这表明市场正在构筑顶部。6月期间，总成交量略少于31000万股，表明公众5月已经买够了股票，整个上涨过程中买盘的力量持续降低。

1948年6月14日至1949年6月14日，平均指数下跌了34个点左右，总成交量24630.5万股。1949年2月，成交量再次下降到了1700万左右。1949年6月的成交量为1776.7万股，与1948年5月将近4300万成交量进行对比，这是股票套现已经结束的另外一个标志；而平均指数下跌到1946年10月的位置，这里同时也是1947年5月的最低点，表明这里是买进点。请注意，1947年的总成交量为25363.2万股；1948年的总成交量为30221.6万股，绝大多数的成交量都出现在2～6月的上涨阶段。

1949年前6个月的总成交量为11240.3万股，这比1948年总成交量的一半少了很多。

如果市场在1949年的下半年能够上涨，那么成交量很可能会增加，到了年底成交量就能与1948年一样多。

记住，研究月和周的成交量，并将成交量跟其他所有交易规则结合起来应用，往往是非常重要的。

纽约证券交易所的月成交量和年成交量

纽约证券交易所的月成交量和年成交量①

单位：千股

	1936年	1937年	1938年	1939年	1940年	1941年	1942年
1月	67202	58671	24154	25183	15987	13313	12998
2月	60884	50248	14525	13874	13472	8970	7924
3月	51107	50346	22997	24563	16272	10124	8554
4月	39610	34607	17119	20245	26693	11187	7588
5月	20614	18549	13999	12934	38965	9669	7231
6月	21429	16449	24368	11967	15574	10462	7466
7月	34793	20772	38771	18068	7305	17872	8375
8月	26564	17213	20733	17374	7615	10873	7387
9月	30873	33853	23825	57089	11940	13546	9448
10月	43995	51130	41555	23736	14489	13151	15932
11月	50467	29255	27926	19223	20887	15047	13436
12月	48600	28422	27492	17773	18397	36390	19313
合计	496138	409515	297464	262029	207596	170604	125652

	1943年	1944年	1945年	1946年	1947年	1948年	1949年
1月	18032	17809	38995	51510	23557	20217	18825
2月	24432	17099	32611	34095	23762	16801	17182
3月	36996	27645	27490	25666	19339	22993	21135
4月	33554	13845	28270	31426	20620	34612	19315
5月	35049	17229	32025	30409	20617	42769	18179
6月	23419	37713	41320	21717	17483	30922	17767
7月	26323	28220	19977	20595	25473	24585	
8月	14252	20753	21670	20808	14153	15040	
9月	14985	15948	23135	43451	16017	17564	
10月	13924	17534	35474	30384	28635	20434	
11月	18244	18019	40404	23820	16371	28320	
12月	19528	31261	34150	29832	27605	27959	
合计	278738	263075	375521	363713	253632	302216	112403

① 译注：原表中的计算错误已修正。

第十一章　15 种公用事业股平均指数

在罗斯福执政期间，政府无所不用其极地压制公用事业，导致整个行业萧条。自从 1945 年罗斯福总统去世之后，时代已经变化了，公共事业得到了公平对待，前景更加光明。回顾 1929 年至今的公共事业股平均指数的发展进程是一件非常有趣的事情（参看本书后面的图表）。

1929 年 9 月，最高144½点；11 月，最低点64½点。

1930 年 4 月，最高点108½点。

1932 年 7 月，最低点16½点；9 月，最高点 36 点。

1933 年 3 月，最低点19½点，高于 1932 年 7 月的最低点 3 个点，意味着平均指数将会走高，而随后的情况的确如此。

1933 年 7 月，最高点37½点，高于 1932 年 9 月的最高点1½个点。

1935 年 3 月，最低点14½点，低于 1932 年的最低点和 1933 年的最低点。这个时候股票套现已经完成，随后就会出现上涨。

1937 年 2 月，最高点37½点，回到了 1933 年的最高点，这是预期的阻力位。

1938 年 3 月，最低点15½点，高于 1935 年的最低点 1 个点。

1939 年 8 月，最高点27½点，低于 1937 年 8 月的最低点，表明主要趋势向下，平均指数将会继续下跌。

1942 年 4 月，最终的最低点10½点。市场在一个狭窄的交易区间停留了几个月，之后穿越了 1942 年 6 月和 1942 年 10 月的最高点，表明了上涨趋势。上涨持续到 1945 年，平均指数穿越了

1939年的最高点，之后继续上涨并穿越了1933年和1937年的最高点。

1946年4月，最终的最高点44½点。这个位置正好与1932年2月的最高点相同，一个非常自然的阻力位。

1946年10月，最低点32½点；1947年1月，最高点37½点。

1947年5月，最低点32点；7月，最高点36¼点。

1948年2月，最低点31½点，低于1946年10月的最低点1个点，并且回到了与1945年8月最低点相同的位置。

1948年6月和7月，最高点36½点，回到了1947年7月的最高点。

1948年11月和12月，最低点32½点，形成了比1948年2月底部更高的底部。

1949年4月和5月，最高点36½点，回到了先前的老顶水平。

6月14日，最低点31.75点，远高于1948年12月的底部，表明获得了良好的支撑。只要平均指数能保持在33点之上，就能上涨到更高的位置。如果能穿越36½点，就表明其处于强势的形态；如果能收盘于1947年的顶部38点上方就更加强势，并且预示着平均指数能上涨到44½点，也就是1946年的最高点。公用事业股平均指数比铁路股平均指数表现强势，而且强于工业股平均指数。这个股票板块将成为下一轮牛市中的领涨板块。如果公用事业股平均指数跌破了31½点的底部，就预示将会走低。

1949年8月对趋势的变化来说非常重要。如果平均指数穿越了顶部并在那时显示出上涨趋势，平均指数就能持续上涨到1950年的春天。

巴伦航空运输股平均指数

很明显，这个股票板块会是将来的领涨板块。我们应当对这个板块中的每一家公司都进行研究，并对其进行长期投资。对航空运输股平均指数的回顾非常重要，这样做能够找出航空股未来的趋势。

1937年1月，最高点27¾点。1938年3月，最低点7½点。

1940年4月，最高点34½点。1942年4月，最低点13½点。

1943年7月，最高点43½点，1943年12月，32½点。

1943年12月，平均指数正好停留在1940年4月的最高点下方，表明平均指数处于强势形态，随后将出现一轮快速的上涨。

1945年12月，最高点91½点。1947年1月，最低点37½点。

1947 年 4 月，最高点46½点。1947 年 12 月，最低点 30 点。

这个位置低于 1943 年 12 月的最低点，预示后面平均指数要么走高要么走低。

1948 年 4 月，最高点39¼点。1948 年 11 月，最低点25½点。

1949 年 3 月，最低点25¾点。1949 年 6 月，最低点 32.09 点。

平均指数停留在 1948 年 11 月最低点的上方，表明处于强势形态，随后会出现反弹。

回顾过去几年来，航空运输平均指数不断抬高的底部是挺有意思的。

1938 年的最低点为7½点；1942 年的最低点为13½点；1948 年的最低点为25½点。到撰写到这里时，即 1949 年 6 月，最低点为 32.09 点，这些年不断形成更高的底部，这是平均指数将会走高的标志。笔者认为，航空股将会是下一轮牛市中的领涨股。在那些我看好的领涨股中，美国航空（American Airline）、泛美航空（Pan American Airways）、西北航空（Northwestern Airways）、东方航空（Eastern Airlines）和大陆运输公司（Transcontinental）以及西方航空（western Airlines）表现会更好。如果非让我选出两家我认为最棒的，我会选东方航空和泛美航空。这两家公司自始至终都有序管理，稳健赢利，必定是未来的领涨股。我认为，在不久的将来，一些大航空公司会兼并那些弱小的航空公司，最终只会有 3～4 家大公司，控制全国所有业务。当这一切真的发生时，收入一定会增加，航空公司将迅速发展进步，那些买入并持有航空股的人必将在投资中获益颇丰。

小盘股

过去的几年中，当牛市来临时，小盘股都会出现实质性的上涨，并且上涨比例比大盘股更大。这类小盘股只需要很少的资金能囤积或是控制的股票供给，因此当这些股稀缺时，并不用太大的买盘就能导致上涨。

乔伊制造公司（Joy Manufacturing Company）

这是一家古老而有实力的公司。该公司管理有序，也没有过度资本化。1949 年的盈利很高，获利前景光明。该公司股份还不到 100 万股，盈利还如此令人满意，在牛市中能有机会大涨。我们回顾一下该公司的股价摆动：

1941 年 9 月，最高点 14 美元。

1942 年 8 月，最低点7½美元。

1943 年 6 月和 7 月，最高点12½美元。

1943 年 12 月，最低点9¾美元。

1945 年 5 月，最高点30¼美元。

1945 年 8 月，最低点22¾美元。

1946 年 4 月，最高点 34 美元；10 月，最低点18¼美元。

1947 年 10 月，最高点40½美元，这是迄今为止的最高记录，股价高于 1946 年的最高价，表明该股处于强势形态。

1948 年 2 月，最低点31½美元，仍然高于 1945 年 5 月的最低价。

1948 年 6 月，最高点43½美元。这是个新的最高价，高出 1947 年 10 月的最高价 3 美元。

1948 年 9 日，最低点30½美元，在 1945 年 5 月最低点相同的位置上获得了支撑，低于 1948 年 2 月的最低点 1 美元。

1949 年 3 月，最高点 40 美元，正好在 1947 年的最高价下方。

1949 年 6 月，最低点31½美元。跟 1948 年 2 月价位相同，并高于 1948 年 11 月的最低点 1 美元。只要该股能停留在30½美元上方，就能继续上涨。如果能穿越36½美元，则表明处于强势形态；无论在何时只要在40½美元上方收盘，就预示着股价将大幅上涨，很可能会上涨到 43 美元或是43½美元上方。这类股票值得购买，同时应当设置好止损单以限制风险。一旦趋势掉头向上就可能获得巨大收益。

第十二章　股票的认沽期权、认购期权、认股权和权证[1]

很多人不知道什么是认沽期权（Put）和认购期权（Call），以及如何买进或是卖出它们。认购期权（Call）是一种在 30 天、60 天、90 天和 180 天以固定价格买进一只股票的权利。这种选择权根据特定股票的价格与市场情势要支付 140～190 美元的权利金（Premium）。我们在这只期权上的最大损失就是买进该期权所支付的价格，并且从买进的那天到该期权到期为止，该期权都是有效的。举例：假设我们买进了行权价 22 美元的美国钢铁 6 个月（180 天）到期的认购期权，并假定我们支付了 140 美元。现在，无论美国钢铁在这 6 个月如何下跌，我们都只可能损失掉 140 美元的权利金。但是另外一方面，如果美国钢铁在任何时候上涨到了 30 美元，我们就能以 30 美元卖出该股，赢利就是 800 美元减去买进该期权的成本和佣金。

在我们买进认购期权后，假设美国钢铁从 22 点上涨到了 26 点，我们认为它不会再上涨了，这时我们已经有了赢利。在这样的情况下还可以这样操作，我们可以再次卖空 50 股美国钢铁，这笔操作可以赚点儿小钱。随后如果该股持续上涨，那我们仍旧持有的 50 股多头将会继续赢利。另一方面，让我们假设美国钢

---

[1] 译注：江恩在这里提到的“股票的认购期权、认沽期权、认股权和权证”是当年的情形，是权证类金融衍生品的初期形式，跟现在的形式有一定的差异。因此，我们在这里要理解的是江恩对这类金融衍生品的看法以及交易方法。

铁下跌到了 23 点的情形。如果我们判读下跌到位了，回补空头就能有 3 个点赢利。随后美国钢铁在该认购期权的有效期内上涨到 30 点，甚至更高时，我们仍然可以获得全部 100 股的赢利。

运用认沽期权和认购期权的另一个方法是用来做保护。假设我们持有股价在 22 点左右的美国钢铁多头头寸，但是我们认为在接下来的几个月内股价可能下跌到 16～15 点，而我们想要保护自己的头寸。我们可以花 140 美元的权利金买进该股的认沽期权。在认沽期权的有效期内如果美国钢铁下跌到了 16 点，我们就可以行权，因此我们的多头头寸的损失就仅仅是我们买进认沽期权的价格。在此期间，我们可以先买进股票，然后对认沽期权进行行权，这样我们就继续持有该股的多头头寸，但是持股成本却降低了。

认沽期权

认沽期权是一种你买进的在 30 天、60 天、90 天和 6 个月的有效期内以固定价格卖出特定股票 100 股或是更多的权利。假设克莱斯勒的股价为 50 点，并且我们认为该股的价格将会走低。我们可以买进行权价为 50 美元，有效期为 6 个月的认沽期权。买进该期权，我们可能需要支付187½～200 美元的权利金，这也是我们最大的损失额度。假设在这 6 个月内，克莱斯勒的股价下跌到了 40 点，我们就可以买进该股并以 50 美元的价格把认沽期权行权，这样我们的赢利就是 10 个点减去买进认沽期权的成本和佣金。假如我们持有克莱斯勒的股票，我们也可以这样做，如果克莱斯勒的股价下跌到了 45 点，并且我们认为它已经下跌得足够低，那么我们就可以买进 50 股克莱斯勒冲抵认沽期权。随后如果该股继续下跌，我们仍然有 50 股可以获得下跌的赢利；如果该股在这个价位附近掉头上涨到 50 点上方，我们冲抵认沽期权买进的 50 股就有 5 个点的赢利。这种交易方式就叫认购期权与认沽期权的逆向交易。

当我们买进一份认购期权或是认沽期权时，由于它们是被一家股票交易商号认可和担保的，因此无论对应股票的价格上涨到多高还是多低，我们都可以按照买进时期权时约定的价格行权；并且在交易之前不用支付保证金，而且在股票交割之前也只需要正常的保证金。任何一个经纪人都能够提供关于买进认购期权和认沽期权的信息，以及行权、接受行权时需要缴纳的保证金要求。认购期权和认沽期权的交易是通过纽约认购期权与认沽期权的经纪人进行的。我们可以在任何一天获得几乎任何一只活跃股在30天到6个月之后的期权报价。我认为认购期权和认沽期权是一种有利可图的、安全的交易方式，因为我们只用很小数额的金钱在冒险，并且最大的损失也不会超过这个金额；如果我们做对了方向，赢利则是无限的。

认股权和权证

很多人不了解认股权（Right）和权证（Warrant），或是不知道如何交易它们。我们可以用很小的一笔钱买进存续期很长的权证，现在的一些权证可以交易到1955年。

权证是一种可以在一段固定期限内买进或是认购一家公司一定数量的股票的权利，除了存续的时间长一些之外，权证与认股权是一样的。

任何一位纽约证券交易所的经纪人都可以为我们提供关于权证的信息，并为我们买进或是卖出权证。我们会发现，在股价非常低的时候，权证的价格也会很低，在这样的萧条时期买进权证是最有利可图的。在牛市尾声的时候股价会非常高，而我们已经在萧条期间低价买进了权证，因而此时可以高价卖出股票了。

那些希望增加股本而发行权证的公司不但维护了所有权的有效比例①，而且通常可以作为一种以管理者认可的价格在一段时间内出售额外证券的策略。

权证通常向未来延续很长的时间，因此就导致它成为了投资者和交易者实际交易特定股票的认购期权和选择权的媒介。这种工具具有内在的不断增加的杠杆优势。

这种杠杆特性使得权证非常适合作为投机媒介，因为在几年内的价格，权证的价格波动幅度要大于通常的股票。这一点从百分比的角度考虑就更加明显。

假如总体价格水平在上涨，那么一些权证对于那些想在不确定的时间内增加投资头寸，同时又不愿意投入更多本金的投资者也非常有用。实际上，这类投资者会买进股票的认购期权并为这种权利支付权利金。

---

① 译注：也就是控股权。

高赢利小风险

当我们买进任何一只股票的权证，最大的损失就是买进该权证时的价格。如果该股上涨，权证也会上涨，因此如果我们不买进股票或者说不行权，我们还可以通过卖出权证本身而获利。

下面我们给出了一些通过买进权证获利的例子。

三角洲公司（Tri—Continental Corporation）

三角洲公司（Tri—Continental Corporation）是一家普通的信托投资管理公司，该股在过去一直表现很活跃。1941年和1942年，该股权证的价格低达1/32点；而在1936年，权证的价格曾高达5⅜点。1941～1942年，如果我们投资1000.00美元就能买进32000张该股的权证。到了1946年，如果我们以5点的价格卖出，这些权证就价值16万美元。减去很少的佣金之后，这笔1000美元在4年内的赢利就是15.9万美元。

梅里特-查普曼 & 斯科持公司（Merritt-Chapman & Scott）

梅里特-查普曼 & 斯科持公司（Merritt-Chapman & Scott）是美国各种建筑工程承包商中的领导者，同时也承接国外的建筑工程。该公司的普通股非常活跃，并且每年支付每股1.60美元的红利。

在1938～1943年，该股权证的价格低达¼～⅜点；1946年，购股权的价格是12½点。当该股的认股权的价格在¼点时，我们投资1000美元就可以买到4万张权证。如果我们在1946年以12点的价格卖出，这些权证就价值4.8万美元。也就是这笔1000美元的投资获得了4.7万美元的赢利。

亚特拉斯公司（Atlas Corporation）

亚特拉斯公司（Atlas Corporation）是一家从事投资、信托和控股的公司。

1941年和1942年，该股权证的价格低达¼点，也就是25美分；1946年，它们的价格高达13⅝点。1942年，我们在¼点的价位上投资1000美元就可以买到4000张权证。1946年初，这些权证能以13点的价格卖出，其价值为5.2万美元。这笔1000美元的投资获得了5.1万美元的赢利。

上述赢利并非精心挑选的特例。其他不同板块的股票权证也显示出了巨大的赢利机会。

下面我们给出的权证与认股权的列表，它们都是在纽约股票交易所和纽约场外交易所交易的活跃品种。这些大约是6月30日的数据。

纽约股票交易所和纽约场外交易所的活跃权证

证券	股票和权证价格区间的比较		当前价格
	（日期）	（价格区间）	
A·C·F布雷尔（A. C. F. Brill）	1944～1949年		
股票		19～2	2
权证（1950年1月1日到期，每股12½美元；1955年1月1日到期，每股15美元）		11½～¾	¾
美国与国外电力（American & Foreign Power）	1929～1949年		
股票		199¼～¼	1⅝
权证（任何时候每股25美元）		174～1/32	
大力神公司（Atlas）	1936～1949年		
股票		34⅜～5¾	20
权证（任何时候每股25美元）		13⅝～¼	4⅜
科罗拉多燃料与钢铁（Colorado Fuel & Iron）	1936～1949年		
股票		25⅞～4½	12½
权证（1950年2月1日到期，每股17½美元）		12½～½	⅞
联邦与南方（Commonwealth & Southern）	1930～1949年		
股票		20¼～⅛	3½
权证（任何时候每股30美元）		6¼～1/256	1/16

证券	股票和权证价格区间的比较 (日期)	(价格区间)	当前价格
电力和电灯 (Electric Power & Light)	1926～1949 年		
股票		103½～⅝	24¾
权证（每张 25 美元）		78⅛～1/16	8¼
赫斯曼—利高尼亚 (Hussmann—Ligonier)	1945～1949 年		
股票（经 1947 年 7 月 1 日的 2 比 1 拆股调整）		18½～9	10¼
权证（1950 年 5 月 15 日到期，每股 8.45 美元）		14¾～3½	4
梅里特-查普曼 & 斯科特	1936～1949 年		
股票		27¾～1¼	18⅛
权证（任何时候每股 28.99 美元）		12½～¼	4½～5½
尼亚拉加哈德森（Niagara Hudson）	1937～1949 年		
股票		16⅞～⅞	9½
权证（任何时候每股 42.86 美元）		3⅜～1/32	5/32B
三角洲（Tri—Continental）	1930～1949 年		
股票		20¼～⅝	6¼
权证（任何时候每 1.27 股 17.76 美元）		9～1/32	2⅛
联合公司（United Corp.）	1930～1949 年		
股票		52～3/16	3
权证（任何时候每股 27.50 美元）		30⅞～1/256	⅛
沃德银行公司（Ward Baking Co.）	1945～1949 年		
股票		19⅞～8¾	12
权证（1951 年 4 月 1 日到期，每股 12.50 美元；1955 年 4 月 1 日到期，每股 15 美元）		9⅛～2¾	2¾

第十三章　最新的发现和发明

历史上每一次的萧条过后都会因为某种新发现或是新发明促进商业的发展，并带来新一轮的繁荣。富尔顿发明的蒸汽机和惠特尼发明的轧棉机就开启了社会进步的新纪元。

1849 年，加利福尼亚金矿的发现导致了一轮繁荣高潮的出现。从那时起，铁路建设的发展打开了美国中部和西部地区的市场，这种新的交通模式促成了伟大的进步。

《圣经》告诉我们，旧的过去了，新的就会代替它们。运河航运和公共马车不得不给铁路运输让道，因为铁路是更快捷的交通方式。随后新发现和新发明不断涌现，全新的炼钢技术使美国成为了一个工业国，取得了伟大进步。20 世纪初，汽车的发明和进步导致运输业发生了变革，开始了另一轮繁荣，并为成千上万的失业者提供了新的就业机会。接踵而至的化学上的发现与发明，人造纤维以及化学生产线上的其他新发现促进了社会的发展和繁荣。通常情况下，当我们深陷萧条，一切都非常糟糕的时候，某种新发现或是发明都带来了经济的复苏和另一波繁荣。

莱特兄弟发明的飞机促使另外一波繁荣开始了，交通运输速度加快了，但速度仍然还有很大的潜力。这种最伟大的交通运输模式正在使世界各个地区以和平和商业目的紧密地联系起来。尽管飞机将来能带来多大的繁荣尚有待观察，但其在各个运输领域中的作用正与日增加，并且有无限的可能性。当然，飞机有一个问题，它需要更便宜更轻的燃料，这个问题无疑会解决。当燃料的载荷有效降低后，空中运输对于快递、货物和乘客来说都将成为最便宜也是最快捷的运输方式。这将有利于商业变革，从而带来另外一波繁荣。

原子能

1945 年，美国利用自主研发的原子弹赢得了战争的胜利。原子弹给日本造成了极其严重的破坏，牺牲了无数生命，但同时也缩短了战争的时间，拯救了许多原本因战争延续而丧命的人。对于原子能这种伟大发明的力量，普通人可能很难理解。原子能有可能解决飞机廉价燃料这个最大的难题，从而大大降低飞机重量，使现在汽油载荷成为有效负荷。这样不仅能够提高速度，还能增加承载的货量和乘客数量，因为燃料将会在有限的更小的空间内，乘客和货物的空间也就增加了。一旦原子能的成本发展到比人类发明的其他燃料都要低廉的时候，就可能要规模化生产了。这将引发航空运输的变革，有助于增进繁荣。除了原子能之外，太阳能和风能都可能在未来提供廉价的能源，并在很多方面改变制造业。这将削减生产成本，使消费者受益省钱，从而提升购买力。大家都知道，成本的降低将意味着消费的提升。只要是能承受得起价格，消费者的购买潜力就是无限的。原子能是开启未来廉价能源的钥匙，而且这种新发现的能源拥有无限的可能性。

第十四章　历史上的市场大作手

笔者回想起了 1893～1896 年的恐慌。当时棉花在南方的价格低到了每磅 3 美分。这次恐慌还遍及了全国，人们说这是历史上一次最严重的恐慌。小麦和其他商品的价格都很低，我还记得读到的第一起垄断，莱特在芝加哥囤积了小麦。在那次战役中，莱持迫使小麦价格从不到 1 美元每蒲式耳上涨到 1.85 美元每蒲式耳。他在账面赢利上创造了巨额财富，但却破产了。我们从历史上那些大作手身上可以学到的古老却有价值的一课就是，为什么作手们积累了一大笔财富之后还会破产。在莱持的例子中，是“未知”导致了他的衰败。他没料到会有充足的小麦运送到芝加哥来打压市场，但是阿莫尔（Armour）比莱特聪明，他想到了利用铁路快运包裹车运送小麦。他打破了垄断，因此莱特就破产了。没人能聪明到能预料到意外的发生，没能料到挣的钱会全都赔进去，甚至是输掉更多财产。所以，我们从别人的失误中能学到的一课就是不能再犯相同的错误。大多数作手之所以输钱，是因为丧失了均衡感，仅仅渴望着金钱带来的能力，想要垄断市场。垄断迫使价格涨得太高，消费者惨遭打击，结果就是几乎所有尝试这样做的作手都以相同的方式倒台，他们破产了。

1903～1904 年，萨利战役期间我也在棉花市场交易。萨利通过买入棉花，在很短期间就积聚了成百上千万美元。他犯了所有大作手都会犯的错误，认为自己能力强到足以迫使价格抬高。结果是萨利惨败破产。

希欧多尔·普莱斯（Theodore H. Price），那个年代棉花市场的另一位大作手也犯了同样的错误，买入太多，低估了意外情况，他也走向了破产。但关于他的一生，不得不说，普莱斯的东山再起比历史上任何一个人都要伟大，他重新赢回了成百上千万美元，并还清了债务。另一个大作手，以几百美元起家，积累了成百上千万美元，然后又破产，他就是尤金·斯凯尔斯（Eugene Scales）。为什么他在棉花市场上积累了几百万美元最后还是破产？他之所以破产，是因为相对于采取极其谨慎的判断以获利而言，他更渴望权力，更渴望操纵市场。当一个人以很少量的资金成本开始炒作时，往往采用某一种小心谨慎的判断；当他积聚了大量资金，判断竟完全不同了。他没想到会发生意外。斯凯尔斯是死多头，他从没想过市场就要见顶，他不断地买入棉花，期盼着并且相信价格会涨得更高，一直到最后，他最终破产了，临死的时候所剩无几。

杰西·利弗莫尔（Jesse L. Livermor）是那个时代最杰出的交易者，在股票和商品市场中赚了成百上千万美元。他也破产过几次，有几次破产后还能付清账。利弗莫尔是个讲信誉的人，即使他破产之后从法院出来，还有人相信他能还债。我初次见到利弗莫尔是在1908年，再见到他就是1913年了，当时他通过默里·米切尔（Murray Mitchell）公司交易，后来失败了，我也把钱全都赔进去了。1917年，利弗莫尔东山再起，赚了钱后不仅把我投到米切尔公司的那部分资金偿还了，也偿还了其他所有人的欠款。这是一件光荣的事情。因为利弗莫尔的信誉和诚实，在1934年他又一次破产时，我资助了他一把，还找人筹钱助他一臂之力。利弗莫尔又一次东山再起，赚了钱[①]。但是，利弗莫尔有一个弱点，就是除了如何挣钱之外，从不学习其他东西。他从不学习保留资金的方法。他贪婪，渴望权力，当他得到一大笔钱之后就不保守交易了。他试图让市场按照他的想法运行，而不是等待时机直到市场准备好后跟随自然的趋势。利弗莫尔在赚了许多钱后自杀了，死的时候实际上已经破产。为什么一个人能像利弗莫尔那样赢了成百上千万美金，但是却守不住钱财？那是因为每个人都是一样的贪婪，一样的渴望权力，想成为一个伟人并操控市场。他要统领市

---

① 译注：江恩在这里的说法与股票作手利弗莫尔的其他资料不相吻合。其他说法是利弗莫尔1934年破产之后未能再东山再起。译者认为可能是这样的情形：1934年利弗莫尔破产后，在朋友的帮助下可能有过一段时间的成功操作，之后再次出现重大亏损。详情请参看《利弗莫尔股票操盘术》。

场，没想过意外会发生。意外真的发生了，而且永远会发生，结果是他输了钱。

E·A·克劳福德博士，另一个重要人物，大作手，赚了又赔了好几次大钱。1932年，他以几千美元东山再起，很可能比市场上任何一个操作者赚钱都更快。据说，在1933年的市场高位，他所积聚的账面赢利达到3000～5000万美元之多。他买入了所有食品类产品。不仅在美国，在国外他也深深地卷入了股市。1933年7月18日，克劳福德博士投资失败了，因为整个商品期货市场大崩盘。为什么一个能积聚这么大一笔钱的人会破产？很简单，就是因为他没料到意外的发生，也没想到有人卖出谷物和商品期货会比他能买入的更多。他以为价格总是不得不持续上升，不会出现回调。结果他不停地买入，直到毁灭性的那天来临，被迫卖出。他买入的时候把“谨慎小心”都抛到九霄云外了，把他曾经以少量资本投资起家时候的所有赢钱规则都忘了，不顺从金融规则只能有一种结果，失败。跟别的所有作手一样，他也犯了过度交易的大忌。

这是所有投机作手最大的过失——过度交易，将谨慎小心抛到脑后，料不到意外的发生。

最后一个重要作手是新奥尔良的乔丹。据说，1946年之前的几年，他以300美元起家，在棉花市场交易并积聚了好几百万美元。乔丹跟所有作手结局一样，破产了。为什么？因为他相信棉花的价格能持续上涨。他看不见任何顶部，也就没有兑现赢利。我听说乔丹口出狂言，棉花价格将上升到内战那时的水平——1.89美元一磅。他忘记了，或者说是不知道供求规则。他持续买入，直到无力再买入为止。他的追随者很多。大家都在买进，因此最终到了该卖出的日子就没有买家了，每个人都成了卖家。10月棉花合约从1946年10月9日的最高点3928点开始下跌，在不到一个月的时间里跌到了1946年11月7日的2310点。不仅乔丹输光了所有财产，他的追随者也损失了上百万美元，甚至连美国政府都无法阻止棉花市场的下跌。为了救市，美国政府、交易所成员以及其他作手不得不找到了安德森（Anderson）和克莱顿（Clayton），让他们接手乔丹和追随者手里的棉花合约。乔丹跟其他所有大作手一样，没有研究市场并了解价格在什么情况下是不正常的。如果他仔细研究过以往战争时的价格，尤其是世界大战后棉花价格到达过每磅43美分。7月合约的价位是4375点，他就能知道棉花价格已经不正常了。再者，如果他回顾一下 1923 年，就能发现棉花 11 月 30 日形成最高点为 37½ 美分，就能从这些记录中知道价格上涨到每磅 37½～39 美分之间的任何位置都是不正常的，战争条件下总是会产生不正常的价格。倘若他曾认真考虑这些事实，就能及时卖出多头合约以保护赢利，并且会做空，再赚一大笔钱。如果他懂市场规律和基本原理，就能知道过去几周内棉花价格的微薄收益表明有人正不限量地卖出，他也能在还能脱身时卖出。但是人类最大的敌人——希望，使他一直紧握不放直到灾难降临，他也沦落到了跟所有其他作手一样的结局。因为出现了意外，有人卖的比他能买的更多。他那些同伴也不够意思，大家多数时候都跟着他走，当他试图退出的时候，所有人也都在想着脱身。

一个普通人、投机者、投资者和交易者，能从那些聚敛了几百万美元又都赔光的大作手身上学到什么呢？可以学到他们为什么会赔钱，他们没有遵循哪些规则，别再重蹈覆辙。然后，他有机会赚钱并保住赢利。他必须学习的最首要的事情，也是最重要的，就是不能过度交易。下一个要学习的是使用止损单，利用自动执行的止损单保护本钱和赢利。他必须根据事实交易，消除希望和恐惧这两个交易者的最大敌人。如果一个人仅凭希望买入并持有，那么最终他会在恐惧最坏情况出现的时候卖出，那就已经太晚了。

事实就是棘手的事情，但必须面对它们。任何想要在股票和商品交易中取得成功的人，就必须消除希望。一个人要记住市场趋势的变化，而且他也必须顺势改变。为了取得成功，他必须学习过去总结出的规则，并在未来市场中应用。

我们已经回顾了那些赢了几百万美元又赔光了的大作手们的历史。所有规则都有例外，有些人遵循正确的金融规则赢了钱也保住了赢利。

那些赢钱又保利的大作手是谁呢？伯纳德·布鲁克（Bernard Baruch）就是其中一位。在他老了退休的时候，还拥有几百万美元身家，绝大部分都是他在股票市场中的投资和投机赚来的。本·史密斯（Ben Smith），近几年的另一位大作手，赚了钱又保住了赢利。伯持·卡斯特里斯（Bert Castles），另一位大作手，赚了钱又保住了赢利直到辞世。卡斯特里斯是怎么做到的？他在买入的时候，总是要在不多于买入或卖出价格 5 个点的位置设置止损单。如果他失误了，这样就限制了他的损失；如果他对了，他就让赢利奔跑，直到有确定理由变现为止。

成功的投资者有确定的计划和规则并严格执行。如果你想成功，你必须首先学会正确的规则，然后遵循它们。

我能列出很多更加成功的投资者和交易者，它们挣了百万美金并能保住资产。这些人与那些赢了百万美金后又都输光的人所遵守的规则有什么不同呢？这些聪明的作手、投资者或说是投机者，如果你问起他们这个问题，不同就在于他们遵循确定的金融规则。他们学会了如何决定股票期货的趋势并在合适的时机买入；他们知道何时兑现赢利；他们知道会发生意外；他们不会过度交易。他们在其他人都买入的时候卖出，在其他人都卖出的时候买入。这一点靠普通人的判断或者猜想是行不通的。他们不得不遵循规划好的规则，确保所有信息的可能性，谨慎适度，绝不过度交易。这就是他们成功并且没有破产的原因。任何交易者都最好记住，当进行一笔交易时，可能出错。那么如何纠正错误呢？通过设置止损单，接受很小的损失。除非一个人知道自己承受了多大的风险以及有多少资产能在交易中去冒险，否则他绝不能开始投机。因为，不知道这些基本的规则，意外迟早会发生，并导致他破产。在华尔街45年的经历之后，我撰写本书的目的不是为了描绘一幅轻松致富的玫瑰色的图画，因为没有简单的致富之路。我的目的是告诉你事实，给你实际可行的规则。如果你肯花时间去研究，耐心等待在正确的时机买进或卖出的机会，这些规则就能帮助你，你一定能取得成功。每个人投入多少就能收获多少，种瓜得瓜种豆得豆。一个人若肯花时间和金钱获取知识并不断学习，从不认为自己无所不知，而且能意识到学无止境，那么他才能在投机或投资中取得成功。我试图告诉你真相，与你分享45年股市和商品期货市场操作的经验，指出你的弱点以防灾难降临。投机是一种有利可图的职业。倘若你能遵循市场规则，相信意外可能发生并永远做好准备，就能战胜华尔街，在商品市场和股市中挣钱。

第十五章 股票套现

当道琼斯 30 种工业平均股仅从 1946 年最高点下跌了 25％时，很多个股已从 1945 年和 1946 年记录的最高点下跌了 75％～90％。股市贴现业务提前 6 个月或以上。经济萧条时股票能上涨吗？可以。过去发生过这种情况，未来也可能再次发生。

航空股

这个股票板块所出现过的清算几乎比其他任何股票板块都多。航空业是一个正在成长的行业。它不会过时，航空股将会上升，迟早会出现轰动性的上涨。它们将成为未来的领涨股。

以下是近几年的最高点和最低点：

美国航空（America Airlimes）	1945 年	高点	95½	1948 年	低点	6
贝尔飞机（Bell Aircraft）	1946 年	高点	35½	1948 年	低点	10¾
班迪克斯航空（Bendix Aviation）	1945 年	高点	63	1949 年	低点	26
布莱尼夫航空（Braniff Airlines）	1945 年	高点	37½	1948 年	低点	6
东方航空（Eastern Airlines）	1945 年	高点	134	1949 年	低点	13
	（拆股后 1946 年的最高价是 31½）					
国家航空（National Airlines）	1945 年	高点	41¾	1938 年	低点	4
西北航空（Northwest Airlines）	1945 年	高点	63¾	1949 年	低点	7
泛美世界航空（Pan America World Airways）	1946 年	高点	29	1948 年	低点	8
世界航运（Trans-World Airways）	1945 年	高点	79	1948 年	低点	9½
联合航空（United Airlines）	1945 年	高点	62½	1948 年	低点	9½

其中，最值得买进的是东方航空、泛美和联合航空。

各种被套现的股票

以下这些股票已下跌到了非常低的价位，并且有可能在一轮牛市中上涨。

吉姆贝尔·布罗斯（Gimbel Bros.）	1946 年	高点	73¾	1949 年	低点	12
罗克希德（Lockheed）	1946 年	高点	45½	1947 年	低点	10½
	1949 年	低点	16½			
G·L·马丁（Martin，G. L.）	1946 年	高点	47¾	1949 年	低点	7
蒙哥马利监护（Montgomery Ward）	1946 年	高点	104	1949 年	低点	47½
纯石油（Pure Oil）	1948 年	高点	42	1949 年	低点	24⅝
飞歌无线电（Philco Radio）	1948 年	高点	46½	1949 年	低点	25¼
新泽西标准石油（Standard Oil of New Jersey）	1948 年	高点	93	1949 年	低点	60½
斯派瑞（Sperry）	1946 年	高点	40½	1947 年	低点	17
美国橡胶（U. S. Rubber）	1946 年	高点	80½	1949 年	低点	33
通用汽车（General Motors）	1946 年	高点	80½	1946 年	低点	47½
	1947 年	高点	65¾	1948 年	低点	15½
	1948 年	高点	66	1949 年	低点	51⅞

（1943 年最低点48¾点。自从那时起，最低点日益上涨，表现出了良好的支撑，除非通用汽车跌破51⅞点并在此价位下方收盘，否则它将继续上涨。1947 年和 1948 年形成了双顶，通用汽车一旦在高于 66 点位置收盘，就意味着它将大幅上涨。）

特殊股票

旗舰（Admiral Corporation）	1945 年	高点	22½	1947 年	低点	6
	1948 年	高点	22⅝	1948 年	低点	7
	1949 年	高点	22¼	1949 年	低点	14¾

（这家公司管理有序，显示出良好的收益前景。该股在 1949 年 6 月下跌时获得了稳固的支撑，显示出了继续上涨的可能性，尤其是如果牛市形成的情况下。）

哥伦比亚电影（Columbia Pictures）	1945 年	高点	45½	1948 年	低点	7½
联合法尔提（Consolidated Vultee）	1946 年	高点	37	1948 年	低点	7¾

自1942年以来，哥伦比亚煤气公司（Columbia Gas）每年都在构筑更高的底部。

电力债券与股票投资（Electric Bond & Share） 1946年 高点 26½ 1947年 低点 9

该股处于强势形态。该公司的现金资产比股价高多了。1949年底之前现金分布有可能是每股12～14美元。该股底部位置日益增高，保持在13¼点附近，这从1946年最高点下跌了50%，使此位置成为一个安全可靠的买入点。当股票上涨了16点，就会处于非常强势的位置，预示着更高的价格，可能是25～26点。

以上列表中的特殊股票会在下一个牛市成为领涨股。记住，当你买入一只股票时就要设置止损单保护它。如果在合理期间表现不正常就要卖出，并接受少量损失。

第十六章　美国还能负担另一场战争吗

当1918年世界大战结束，人们都认为这场战争终结了所有的战争。1939年希特勒再次挑起了战争，我们在1941年又被迫卷入战争中。美国经济援助苏联和所有其他国家，帮助他们打败德国，目的就是能永远结束战争，我们都因此能得到和平和繁荣。

究竟发生了什么？当战争一结束，美国又开始准备另一场战争。不时散布的传闻，说不久之后我们将不得不对苏联宣战。1949年准备战争花了150～160亿美元。我们为了结束战争而打了两场仗，现在又准备打另一场仗。新的战争会永远终结战争吗？它不能。因为战争解决不了任何问题，除非人们能学会求同存异，不靠战争解决问题，否则就没有永远的和平。无论是谁赢了战争，他们都输了，因为战争是毁灭性的，是亏本的买卖。它需要一个国家以人民的生命做代价，也需要来自生产线上的维持生命所必须的食品和必需品。美国现在背负着2500亿美元债务。美国怎么能负担得起再一次的战争？它从哪里筹资为战争供给资源呢？谁能负担得起支撑战争的债券？如果我们卷入了另一场战争，简单来说就意味着美国完全破产和毁灭。战争的代价太高了。如果算上所有国债和私人借贷，美国已经丧失了偿付能力。华盛顿需要的是一个有眼光有头脑的人，这个人能为和平说话和工作，不再为准备战争而浪费钱财。

为什么1941年12月我们参与了战争？因为我们的自由受到了威胁，而且变得不安全。于是我们用生命和资源去冒险以求赢得一场战争，使我们能获得自由。我们曾认为我们使自由和安全得到保障。但是真的获得了保障吗？我们还有战争前的自由吗？我们没有，因为新政正在尽可能快地把自由带走。新政不断地谈到保障，它将把人们从摇篮照顾到坟墓。它提供社会保障、提供医疗照顾、提供所有的一切。这个国家以及作为个体的人民所需要的不是保障，因为保障不能促进发展。保障会滋养挫败和失业。当没有保障时候，整个国家的人民都会努力工作，并且会冒险做任何事。当一个人没有保障的时候，他也会更努力的工作，以取得更大的进步，因为他这样做会更好。如果政府能给人民提供一切，当然，这是不可能的，到那时，整个民族都会游手好闲，所有的一切很快都会衰败。

新政因承诺兴起，承诺无偿给所有人一些东西，而那些想不劳而获的人都是不参与生产的无业游民。这个国家需要的不是更多的承诺，而是更多的生产力。这个国家的问题只能靠更多工作和储蓄来解决，而不是靠少工作多发钱。如果我们要拥有一个自由独立的国家，获得我们的祖先为之奋斗的自由，那么所有人都要拥有平等的权利。当我们的士兵去战争，如果他们不遵守命令或者拒绝打仗，他们会被处决。他们不能罢工或拒绝打仗。然而当战争正在进行时，工会会在我们的孩子们冒着生命危险的时候继续罢工。为什么工会拥有比冒着生命危险的士兵更多的权利？它没有。工会领导的权利是那些人们选出来却背叛人民权益的政治家给予的。为什么工会拥有罢工的权利，能切断生命必需品的供给，导致人们饥饿和寒冷，并承受各种生活必需品的匮乏？仅仅是因为工会领导人试图迫使企业减少工作量并提高工资。这样无法使国家变得繁荣。

是什么导致了法国战败？是工会和共产主义。工人们不去工作和生产，结果就使法国打了败仗。由于德国人不仅愿意工作，而且必须工作和生产，所以他们打败了法国。是谁给予工会权力不让资本家和普通公民过舒服的日子？是人民选出来的法律制定者。他们制定法律去讨好那些能帮助他们把持权力的人。这是公平吗？这是自由吗？

战争与和平

我们的政府正在为战争做准备，并且谈论着迟早会与苏联一战，因此战争可能会来临。如果对于新政实施者来说局势恶化——这种情况很可能会发生，并且他们预见到了1952年失败的可能性，他们可能就会挑起战争，然后告诉人们他们不能在危急时刻改换领导层，从而设法吓唬人们，使人们投票给他们，让他们继续掌权。投资者需要了解的是：战争将对股价产生什么影响？这完全取决于战争爆发时股票所处的价位。在我看来，另一场战争将对股市非常利空，并且可能意味着政府将没收所有股票和其他财产。原因就在于在这种沉重债务的情况下，政府或许不可能再通过出售债券来为另一场战争筹措资金。在这种情况下，政府将不得不不择手段地为战争筹措资金。

不管是美国，还是其他任何一个国家，都不可能在经受另一场战争后而不破产，而且文明有可能会倒退几百年。我们所有人都应该期望和祈祷，并投票给将使我们远离战争的参选人。

如何阻止战争

在任何一个国家，战争都可以被阻止。人民自己手中有权利、也有能力阻止战争。如果我们能够说服立法者通过一部法律，禁止政府为战争目的而负债或是出售债券，肯定就不会再有战争。如果政府不得不用自己的收入去打仗，而且不能负债，那么就不会再有战争。政府没有权利负债，也没有权利拿人民的生命和财产去冒险，甚至是抵押人民的未来。我们无法从战争中获得任何东西。这个国家需要建立现金收付制[①]，政府只能在自己的收入范围内支出，并让收入成为削减政府开支的理由。

政府无法阻止萧条，大恐慌即将到来

萧条与恐慌将在1953年新政废除之前出现，没有什么能阻止它。恐慌与萧条总是会在战争之后出现。第二次世界大战让美国花费的资金比历史上任何一次战争都要多。我们的政府负债几乎相当于世界上所有的负债总额。这样的债务负担和政府开支，如何能避免一场恐慌与萧条？战争从未创造任何东西，也从未增加任何国家的价值。美国的开支一直是最大的，浪费的资源也是最多的，纳税人的损失也会是最大的。我相信《圣经》所

① 译注：也就是政府不能发债。

说的“种什么因得什么果”。新政的实施者不但没有在战争结束时缩减开支，实际上反而在增加开支。他们浪费了数百亿美元，结果将是一场会撼动美国根基的恐慌与萧条，并促使选民在1952年选举中将新政的实施者剔除出局。崩溃到来之后再采取行动就太迟了。如果纳税人愿意组织起来并采取行动的话，他们就有能力在一切太迟之前阻止这种开支。如果新政的开支和浪费继续像现在这样的话，政府很快就会开始没收财产和其他所有东西，然后自由之子①就会游行示威，为他们在这之前反对战争时失去的自由而战。正如罗杰斯（Rogers）所说，政府从未输过一场战争，但也从未赢过一次联合会。

导致下一场萧条或恐慌的会是什么

下一场大萧条的原因有很多。英国已经因为两次大战而破产，欧洲其他大部分国家也处于同样的困境。

日本、中国和印度正处在一种糟糕的金融形势中。

美国巨大的债务是一项不可能克服的负担。美国政府的浪费性支出已经引起了不可弥补的损害。即使这种浪费现在就停止，恐慌仍然会出现。

外国投资者已经开始在美国市场上抛售股票了，这种情况已经持续一段时间。

美国的投资者几乎总是会在熊市的最后阶段卖出，这会导致一轮毫无抵抗的崩跌。未来随着形势的恶化，保险公司将不得不将股票和债券套现。投资信托将会设法支撑股市一段时间，并以越来越小的规模买进。但是随着形势的恶化，他们可能会开始害怕，从而会在已经运行了多年的熊市的最后阶段卖出。

当美国的商人和投资者对政府阻止萧条的能力失去了信心时，事态就会恶化，因为只要人们有信心，商业和股市都会坚持住。

如果政府无法继续支撑债券价格的那一天来临——这并不是不可能的，那就是摧毁公众的信心并引起美国历史上最严重的一次恐慌的最后一击。有因就有果。作为原因，政府已经为另一场恐慌与萧条播下了种子，

① 译注：美国独立战争时成立的一个爱国团体。这里是指美国人民的自由精神，以及会为了自由采取行动的传统。

而商业周期和股市已经证明了一场无可避免的恐慌。

股市未来的趋势

许多经济学家和市场专家一致认为一场萧条与恐慌即将出现。他们只是不知道萧条与恐慌何时出现，因为他们不懂得时间周期。我 30 多年来一直在使用**主控时间循环**（Master Time cycle）来预测每一轮重大的繁荣和萧条（恐慌）。在我看来，主控时间循环将准确预测下一轮恐慌。

华盛顿的新政实施者宣称，他们有神奇的方法可以阻止通货膨胀、萧条和恐慌。接下来的几年将证明他们是否能够做到，因为严峻的考验即将到来。

我的循环理论表明，战争之后的商业繁荣已经于 1948 年结束，现在的趋势是向下的。通常情况下，商业出现第一次的向下摆动之后，会出现一轮反弹或者说一轮温和的向上摆动，这将愚弄绝大多数的人，并使得他们认为商业繁荣再次来临。

我对时间循环的研究表明，商业萧条将在 1950 年下半年和 1951 年恶化，1952 年我们将进入政府也无能为力的真正萧条，这将导致股票、债券、商品和其他所有东西的下跌。只是股市究竟会下跌到什么程度取决于它们在下一轮向上摆动中的反弹幅度，以及最后一轮向下摆动开始时它们处于什么样的位置。以下我概述了股市趋势可能改变的大致日期。

根据过去的循环，股市可能会在 1949 年下半年上涨并持续到 1950 年。股市通常会领先于商业 6 个月或更长时间。

对 1950 年的展望

1950 年 1 月 3～7 日应该是股市的最低点，趋势应该掉头向上。上涨应该会持续到 2 月份，期间市场活跃。

3 月 18～22 日可能会出现开始回调的顶部。这轮回调持续的时间可能会很短，可能会是 3 月 30～31 日，此时会表明趋势的变化。

4 月。上涨应该会持续到这个月，并且这个月 25～30 日可能会到达本年最终的最高点，尤其是 1949 年 6 月的（低点）被证明是这轮上涨的最低点话更是如此。这将意味着这轮牛市已经持续了 10 个月，而 10 个月通常都是一轮短期摆动的时间跨度。另一个原因是这个月将距离 1942 年 4 月的最低点6年，而且5月和6月距离1946年的最高点分别是48个月和49个月，这使得这个月对趋势的变化非常重要。

6月14～21日也很重要，因为这时将距离1948年的最低点2年；距离1949年6月14日正好是1年，如果被证明1949年6月14日的低点是极限低点的话。6月24～30日左右，要观察趋势的重大变化。市场可能出现反弹开始的底部。

7月7～10日和18～30日也很重要，此时可能出现顶部和趋势的变化。

8月。这个月可能出现一些下跌，但市场可能会运动缓慢并窄幅波动。

8月5～10日，14～18日，23～27日，都可能是趋势变化的日期。

9月。记住，9月是重要的周年纪念日出现的月份之一。我们应该观察本月初的趋势变化，然后观察9月23日至10月3日，这段时间可能出现反弹开始的最低点。如果此时开始上涨，市场可能会一直反弹到大选时的11月2～4日左右。

11月14～21日。时间周期显示此时将出现一轮下跌，可能还会在接近月底时出现一个反弹开始的最低点。

12月。如果11月份反弹开始了，它可能会持续到12月15～20日，此时我们应该注意顶部的出现和趋势的变化。

预告1951～1953年

（时间循环预示着）1951年和1952年将是商业非常萧条的年份，并且股市也将会是熊市。许多股票将下跌到人们不可思议的程度。美国政府将面对许多的难题，而且他们会发现这些问题很难解决，因为到时绝大多数人已经对新政和政府阻止恐慌的能力失去了信心。一旦人们失去了信心，形势就会非常迅速地恶化。

时间循环表明，1952年11月，共和党人极可能当选；并且10月和11月可能是熊市结束的标记点。

1953年1月20日，新的总统将就职。如果这位总统是一名共和党人，就意味着商业的好转和新一轮循环的开始。然而，循环显示在4月或6月之前，商业（的好转）可能会比较缓慢，随后股市将在夏天和秋天上涨，商业形势在此期间将表现出大的好转。

总结

《江恩华尔街 45 年》到此结束。我在华尔街的实际经验可以追溯到 1902 年——47 年以前。这些年的经历已经教会了我，我最**珍贵的财产就是时间**。我对时间最好的利用就是用时间来获取**知识**。知识比金钱更加宝贵。

在本书中，我揭示了一些我最有价值，而且是以前从未公布过的交易规则和秘密发现。我希望大家能够努力学习并运用这些规则。如果大家确实这样做了，投机和投资将不再是赌博，而将是一种**有利可图**的职业。

W·D·江恩

1949 年 7 月 18 日

道琼斯30种工业股平均指数
3日图
A
1940年11月8日
28日
12月2日
5日
13日
23日
1941年1月10日
2月4日
10日
19日
26日
3月5日
19日
24日
23日
4月4日
128
132
136
140
29日
5月1日
13日
16日
21日
26日
6月23日
7月1日
7月9日
92
96
100
104
105
112
116
120
124
17日
22日
25日
28日
8月15日
9月2日
11日
18日
25日
30日
17日
24日
31日
11月5日
11月13日
24日
12月1日
4日
10日
16日
12月24日
1942年1月6日
12日
14日
22日
27日
2月11日
16日
20日
3月3日
3月12日
18日
31日
4月7日
17日
21日
28日
5月11日
14日
92.69点
21日
25日
6月9日
12日
18日
25日
7月9日
14日
16日
24日
27日
8月7日
19日
26日
9月8日
9月11日
10月13日
16日
21日
28日
11月9日
18日
21日
11月25日
12月18日
22日
28日
128
132
136
140
144
148
29日
7日
1943年1月4日
4日
2月2日
19日
15日
10日
3月4日
22日
12日
4月13日
4月6日
14日
10日
20日
25日
6月5日
15日
1943年7月15日
8月2日

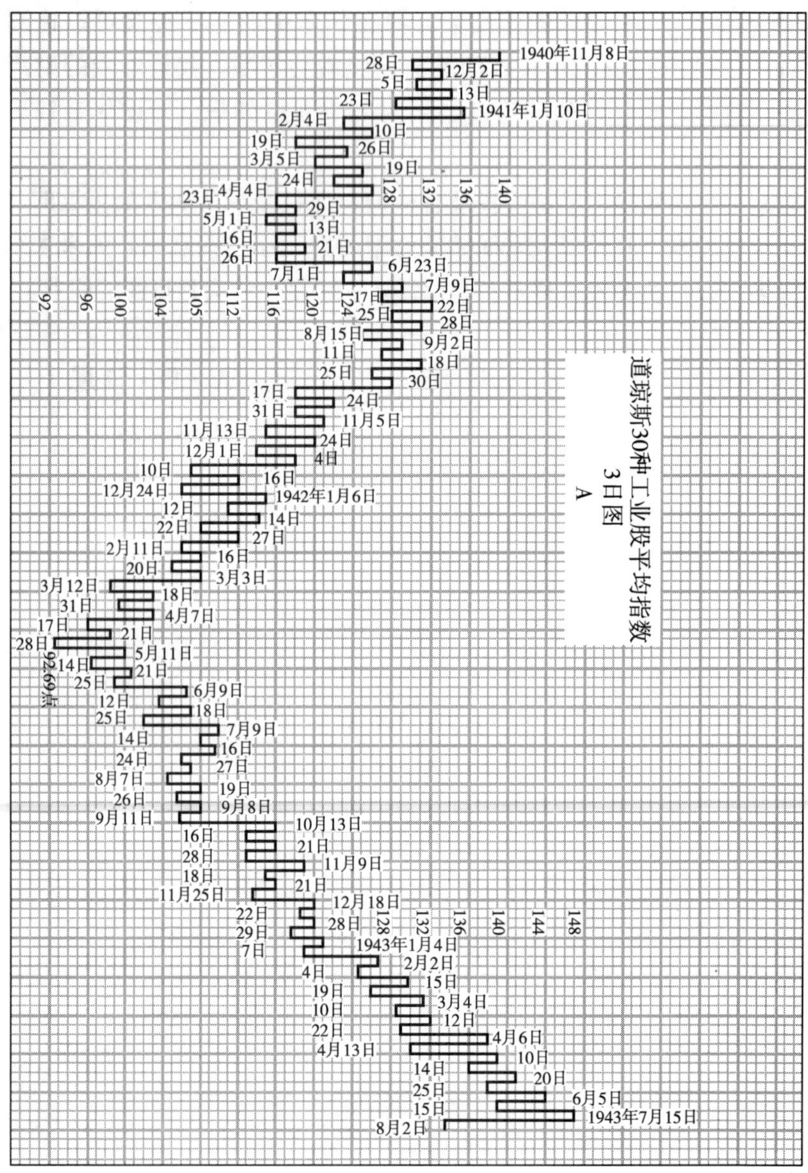

图 1

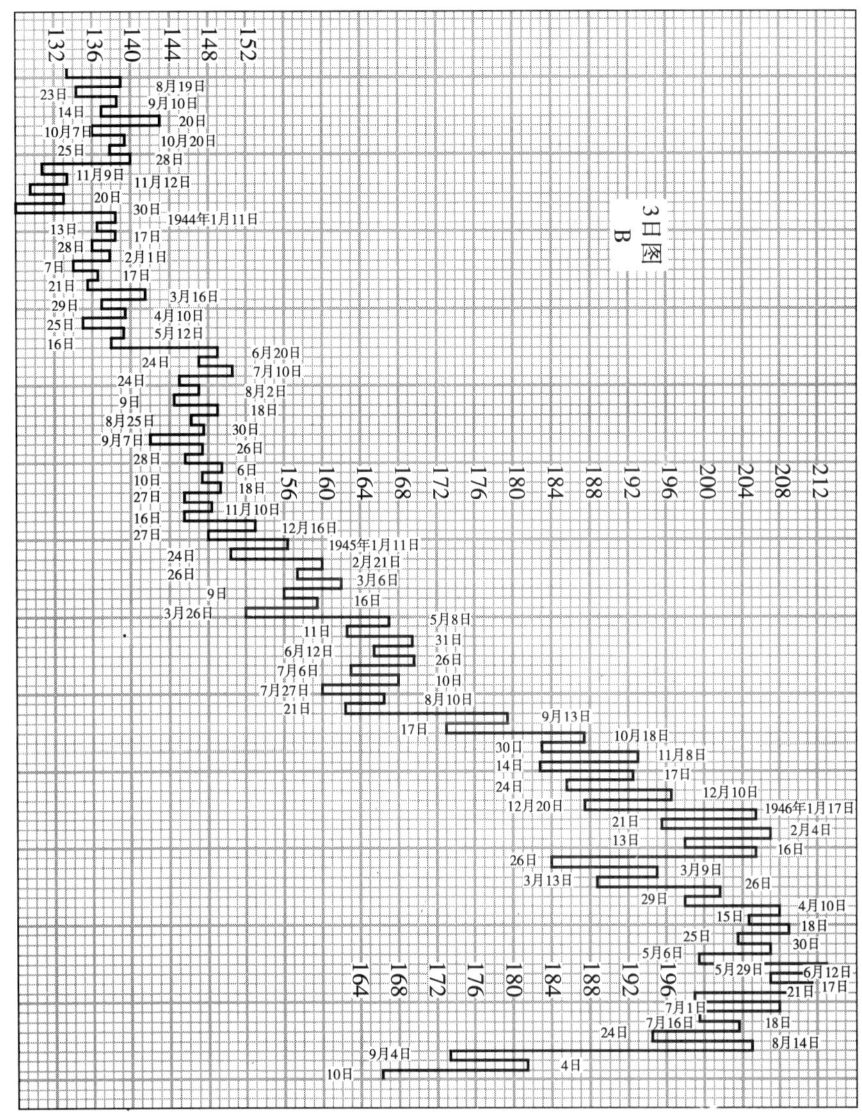

图 2

160 164 168 172 176 180 184 188 192 196
9月16日
19日
26日
10月10日
16日
30日
11月6日
22日
30日
12月3日
12月10日
13日
23日
27日
1947年1月7日
1月16日
2月10日
26日
3月6日
3月15日
24日
26日
3月28日
4月15日
23日
29日
5月5日
5月19日
6月20日
25日
7月14日
18日
25日
30日
8月1日
8月11日
13日
26日
9月2日
9月9日
17日
26日
10月20日
24日
29日
11月6日
10日
17日
21日
12月6日
22日
29日
1948年1月6日
14日
17日
26日
2月2日
2月11日
17日
20日
3月3日
3月17日
4月22日
188 195 194 193 192
20日
5月15日
19日
6月14日
160 164 168 172 176 180 184
7月12日
7月19日
28日
30日
8月5日
11日
9月7日
21日
24日
3日图
C
27日
10月26日
29日
11月1日
11月10日
19日
30日
12月13日
17日
12月30日
1949年1月3日
1949年1月9日
17日
24日
27日
2月3日
2月11日
16日
25日
3月14日
23日
30日
4月7日
18日
22日
5月5日
5月10日
17日
6月14日

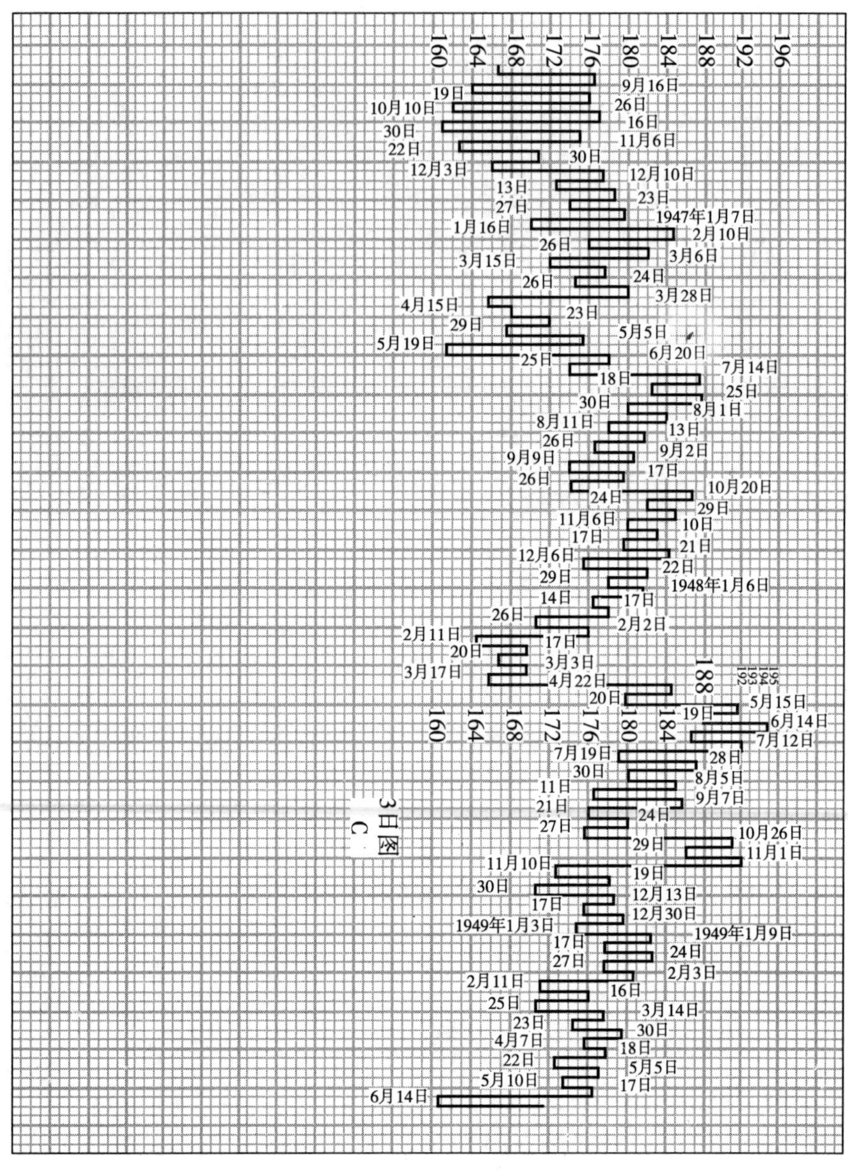

图 3

道琼斯30种工业股
平均指数
9点以及更多点的摆动
1
387
375
363
351
339
327
315
303
291
279
267
255
243
231
219
207
195
183
171
159
147
135
123
111
99
87
75

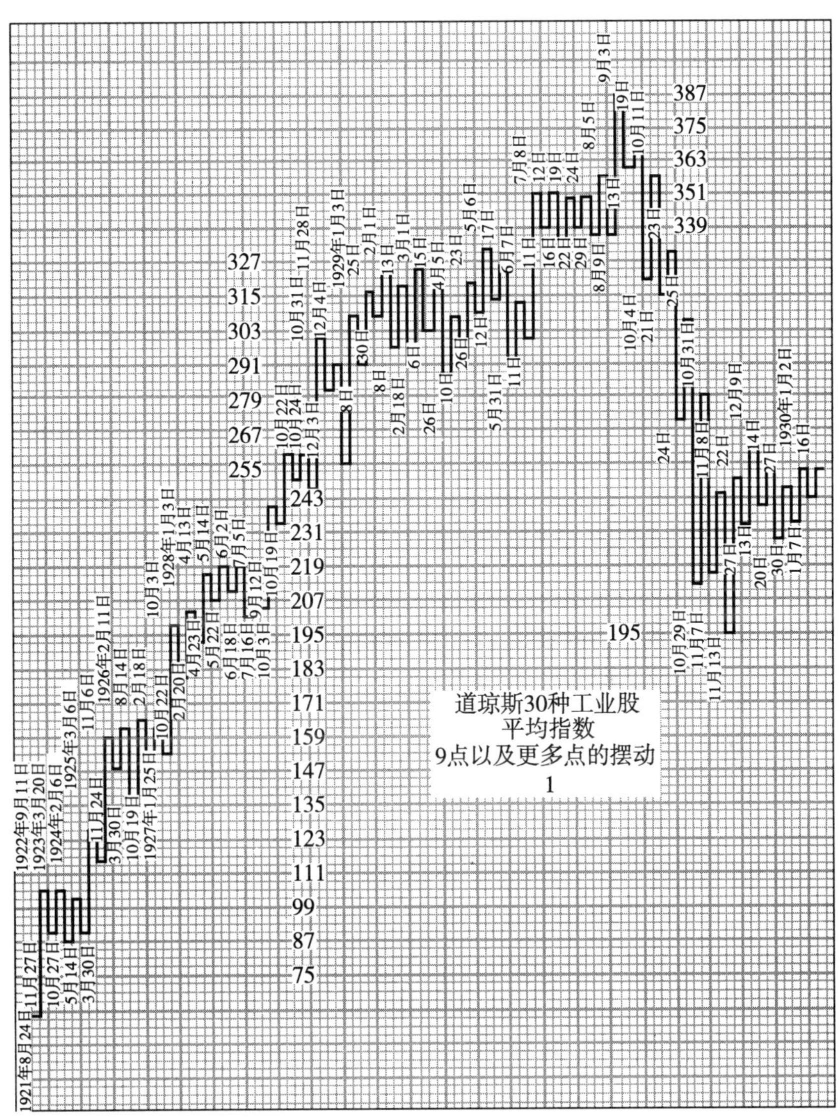

图 4

9点摆动图
2
297
291
279
267
255
243
241
219
207
195
183
171
159
147
135
123
111
99
87
75
63
51
39

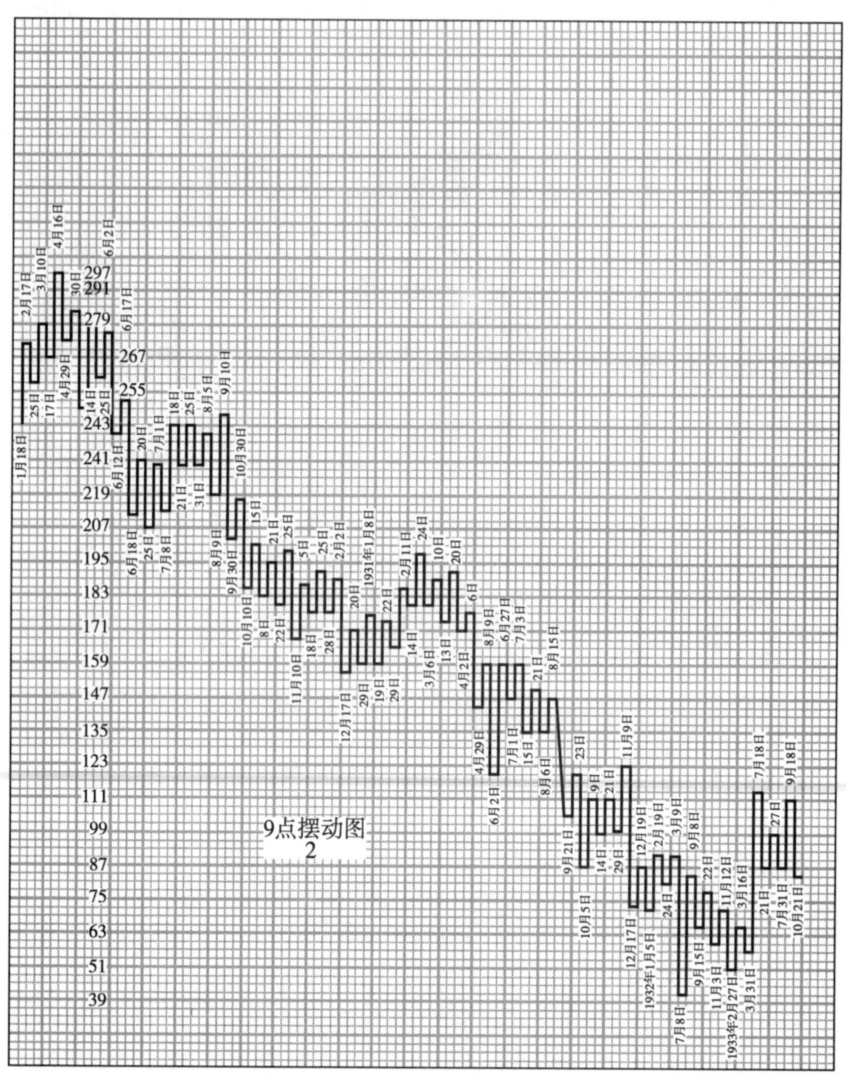

图 5

9点摆动图
3
195
183
171
159
147
135
123
111
89
67
12月11日
12月23日
1934年2月5日
3月27日
4月20日
5月14日
6月19日
7月26日
8月25日
9月17日
1935年2月18日
3月18日
11月20日
12月16日
1936年3月6日
3月13日
4月6日
4月30日
8月10日
8月21日
11月18日
12月2日
1937年3月10日
4月9日
4月22日
5月18日
5月24日
6月14日
8月14日
9月13日
9月15日
9月24日
9月30日
10月6日
10月7日
10月19日
10月21日
10月25日
10月29日
11月8日
11月12日
11月23日
12月8日
12月14日
12月21日
12月29日
1938年1月15日
2月4日
12月23日
3月31日
4月18日
5月1日
5月10日
5月27日
7月25日
8月12日
8月25日
9月14日
9月21日
9月27日
11月10日
11月28日
1939年1月5日
1月26日
3月10日
4月11日
6月9日
6月30日
7月25日
8月24日
8月30日
9月1日
9月13日
9月18日
10月26日
11月30日
1940年1月3日
1月15日
4月8日
6月10日
11月8日
1941年2月19日
4月4日
5月1日
7月22日
12月24日
1942年1月6日
1942年4月28日

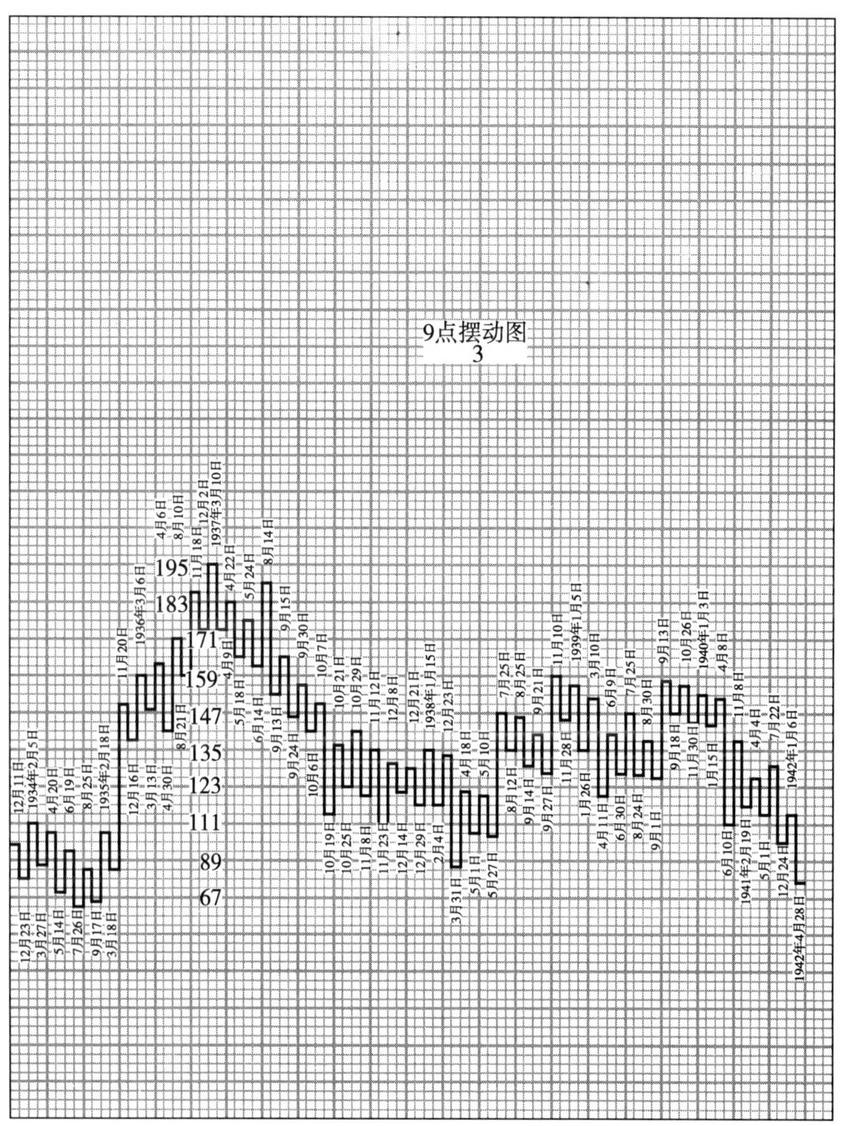

图 6

213
210
207
195
183
171
159
147
135
123
111
99
93
1943年7月15日
8月2日
9月20日
11月30日
3月26日
1945年3月6日
6月25日
1945年11月8日
14日
12月10日
12月20日
1946年2月4日
2月26日
4月18日
5月6日
5月29日
6月21日
7月1日
7月24日
8月14日
9月10日
9月16日
9月19日
9月26日
10月10日
10月16日
10月30日
11月6日
12月22日
1947年1月7日
1月16日
2月10日
3月15日
3月28日
4月15日
5月5日
5月19日
7月25日
9月9日
10月20日
1948年2月11日
6月14日
8月11日
8月7日
9月27日
10月26日
11月30日
1949年1月7日
2月25日
3月30日
6月14日
9点摆动图
4

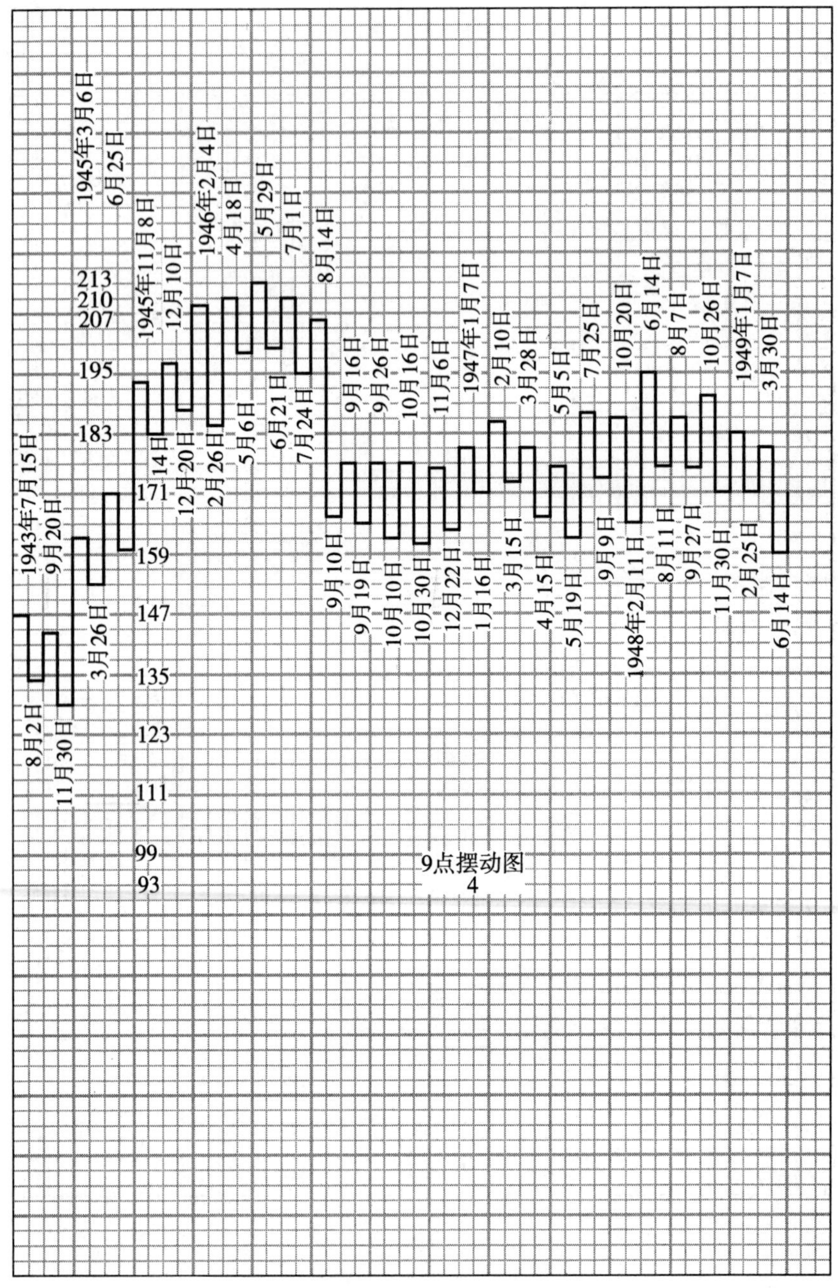

图 7

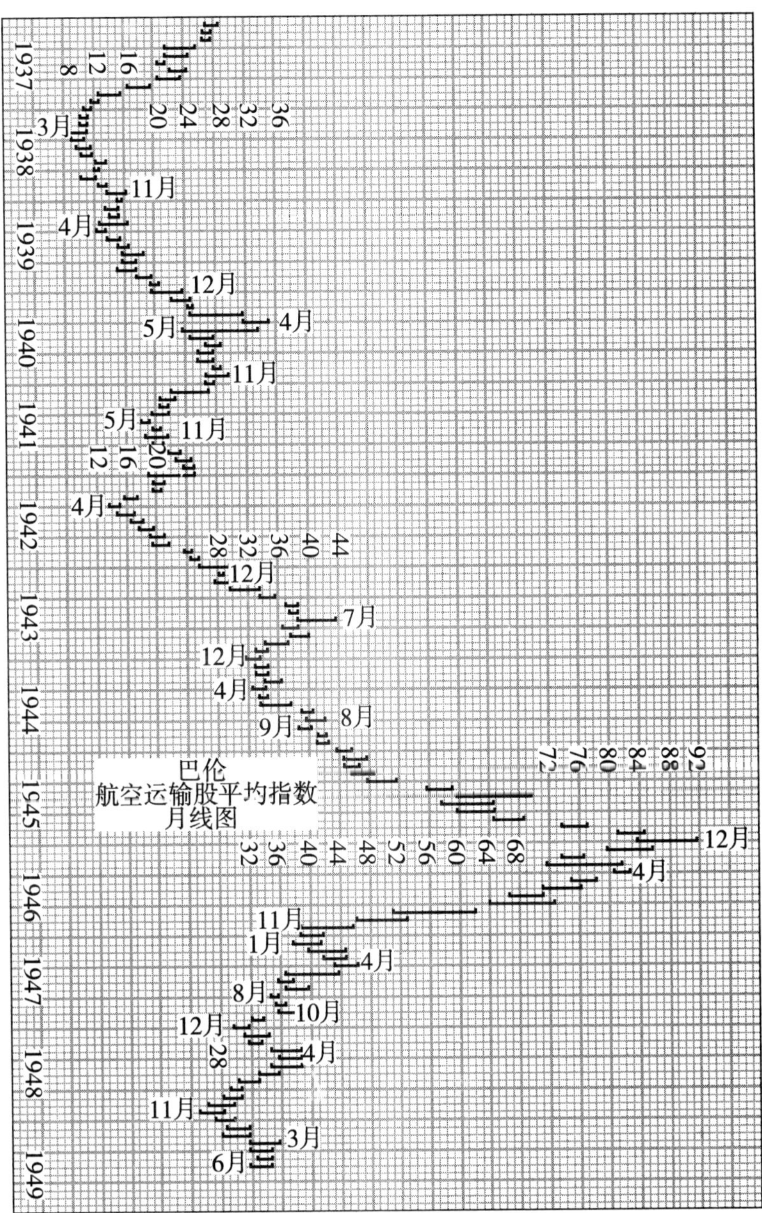

图 8

道琼斯
15种公用事业股
平均指数
A
144
140
136
132
128
124
120
116
112
108
104
100
96
92
88
84
80
76
72
68
64
60
56
52
48
44
40
36
32
28
24
20
16
12
1月
4月
9月
11月
4月
9月
12月
2月
144
7月
6月
11月
10月
1月
3月
7月
9月
36
32
3月
7月
12月
2月
3月
2月
4月
1月
6月
7月
32
28
24
20
16
3月
1929
1930
1931
1932
1933
1934
1935
1936
1937
1938

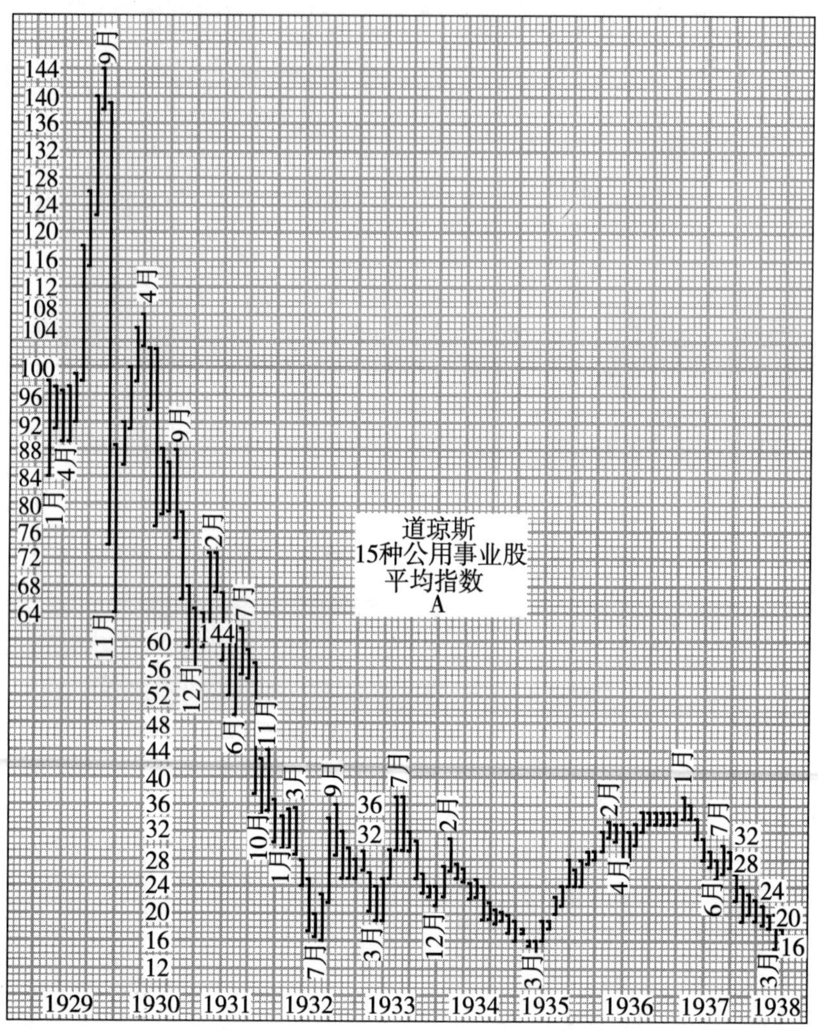

图9

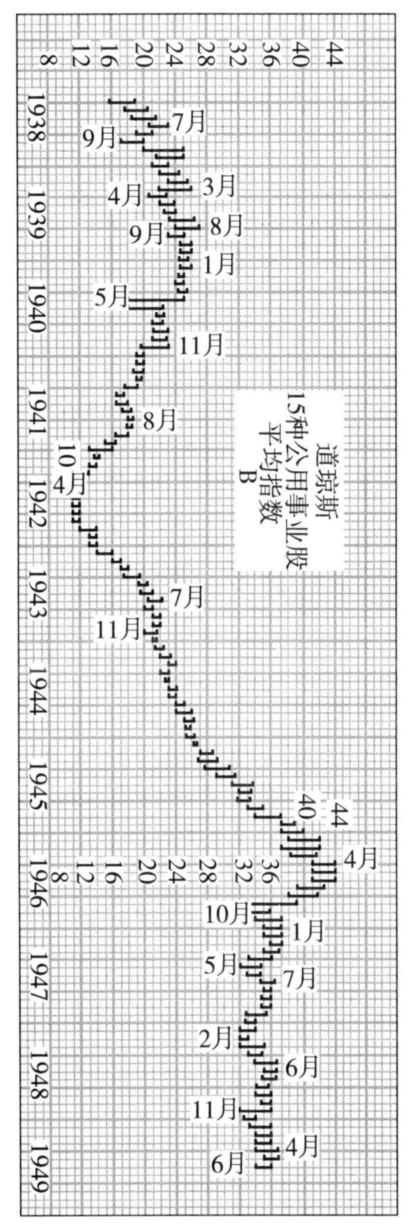

图 10

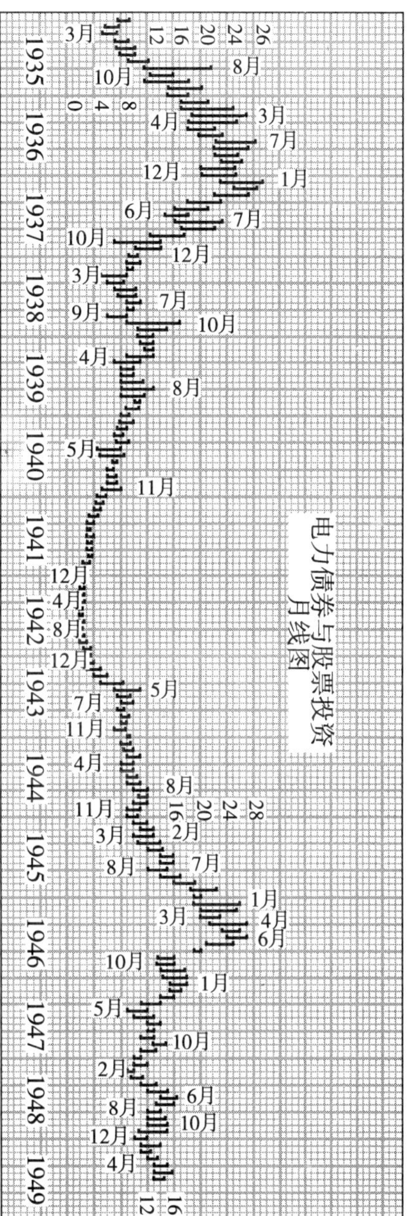

图 11

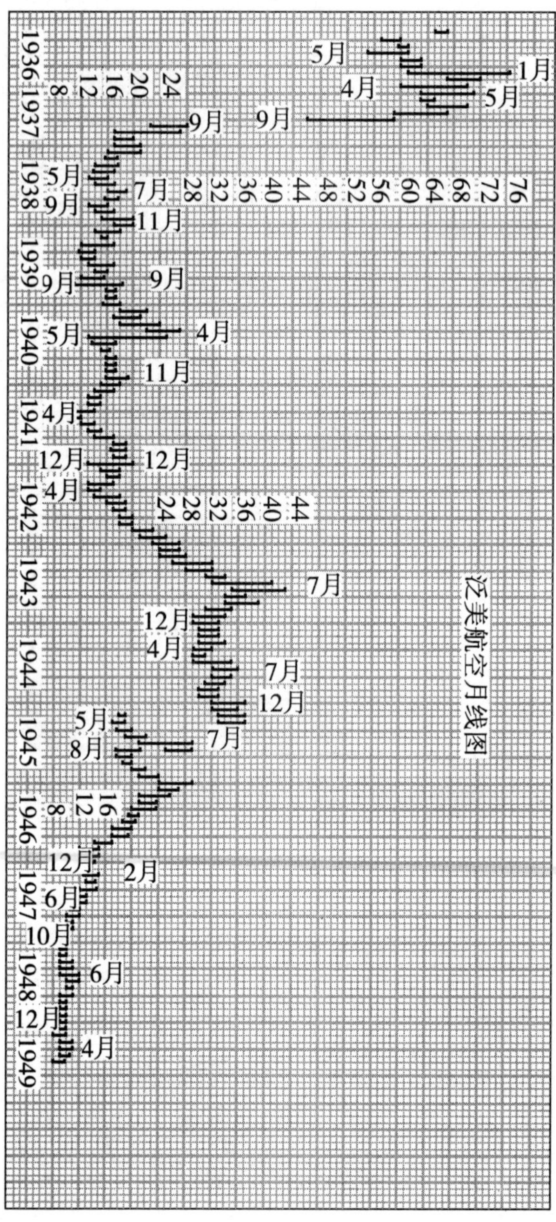

图 12

无线电季线图
116
112
108
104
100
96
92
88
84
80
76
72
68
64
60
56
52
48
44
40
36
32
28
24
20
16
12
8
4
0
2
20
16
12
8
2
9月
1月
4月
11月
12月
5月
2月
7月
7月
3月
1月
6月
8月
6月
3月
11月
4月
12月
7月
11月
5月
11月
6月
1月
1929
1930
1931
1932
1933
1934
1935
1936
1937
1938
1939
1940
1941
1942
1943
1944
1945
1946
1947
1948
1949

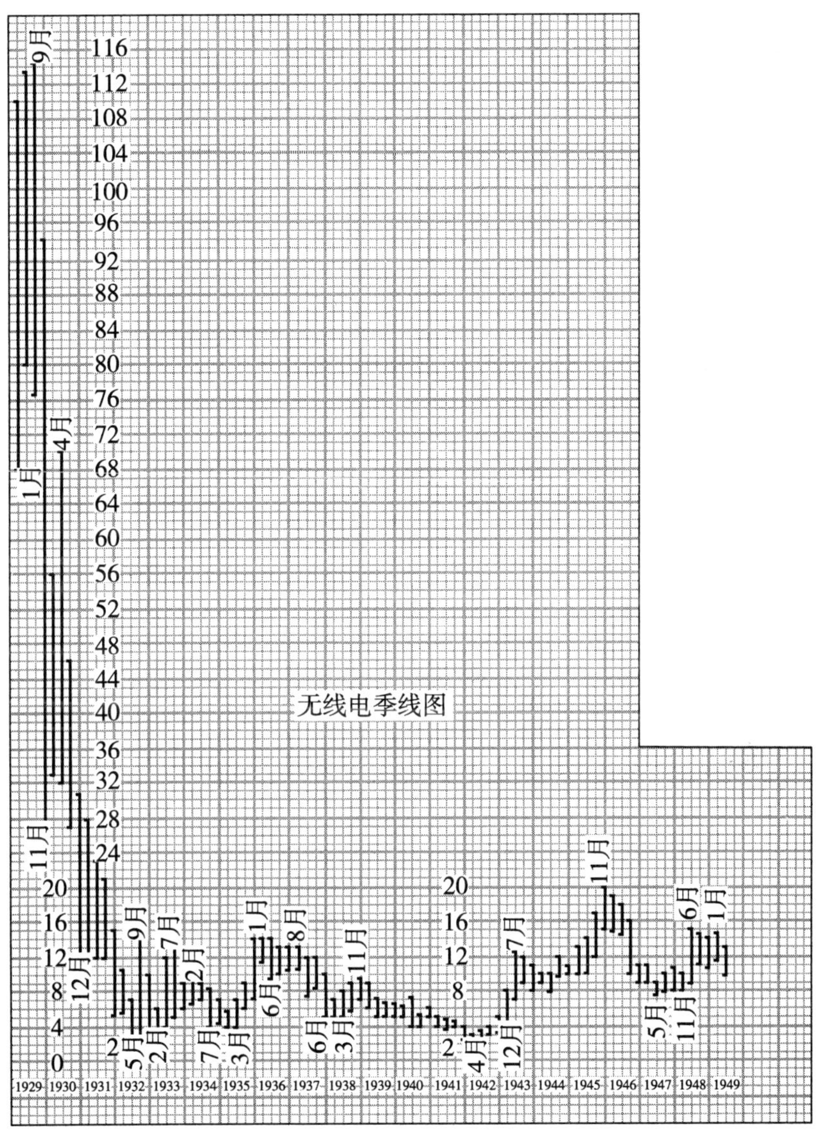

图 13